U0069661

趙子龍走訪

趙子龍信仰

臺灣趙子龍文化協會——編著

主編委員群資料

主編輯委員

陳宥霖

學歷：臺中嶺東科技大學觀光與休閒管理系碩士

現任：臺灣趙子龍文化協會副祕書長、臺中大肚合興宮委員、臺中王田天和宮西秦王爺祖廟祭典副組長、雲林臺西安南宮莫府千歲祖廟志工副團長

林昆德

學歷：國立臺灣大學土木工程系結構組碩士

現任：臺灣趙子龍文化協會祕書長、臺南佳里永昌宮常務監察、臺南佳里子龍咖啡館創辦人、子龍書院創辦人

葉威伸

學歷：國立東華大學中國文學系民間文學組博士、東吳大學歷史碩士

現任：臺灣趙子龍文化協會理事

副主編輯委員

邱豐豐

學歷：臺中嶺東科技大學管理學院高階主管企管碩士在職專班（EMBA）

現任：嶺東科技大學兼任講師

出版發行單位：臺灣趙子龍文化協會

　　理事長：林文章

　　副理事長：王境棋

　　地址：臺南市佳里區子龍里子龍廟 40 號

　　電話：（06）726-2348

協辦單位：臺灣趙子龍聯誼會

編輯委員會總顧問

　　姓名：謝彧森

　　現任：臺南佳里永昌宮總幹事、住商不動產臺南佳里加盟店
總經理、臺灣趙子龍文化協會總幹事

編輯委員

　　林文章、王境棋、丁一展、林宏昇、楊嘉佶、徐聖智、洪子雲、
劉哲擇、林　達、林文進、朱璨詮、林定發、趙世崧、黃櫻菊、
楊瑋瑤、林振坤、林平穩、鐘大焜、陳世輝、陳英輝、盧燕豐、
蔡榮章、吳進賜、徐志成、黃信翰

主編委員群資料

推薦序：
前總統府資政趙守博

發揚趙子龍精神
推廣趙子龍信仰
促進人類社會更健全的發展

　　在相關歷史、演義及傳記中，中國歷史三國時代的趙雲（即民間所熟知的趙子龍）是一位非常令人崇敬、智勇雙全、道德操守近乎完美的名將，諸如：長坂坡之戰，單騎救主，縱橫於曹軍千萬人馬之中，銳不可當，浴血奮戰，一身是膽，充分表現出「忠與勇」的精神；上演空城計嚇退曹兵，表現出來的是「智」；劉備獲取益州後，很多人建議以城內桑田、住宅來論功行賞，但趙雲反對，他表示國賊未除，天下動盪之際，不是貪圖享受之時，百姓飽受戰爭之苦，應讓他們安居樂業；桂陽太守趙範以樊氏美色相誘，他以有違倫常禮俗毅然拒絕，展現他的「仁」與「義」。

　　歷史對趙子龍這些可說近乎完美的人格特質與智慧，以及忠、義、仁、勇的表現和事蹟，評價極高，雖然小說演義將他名列五虎將之末，但在歷史評價中他的人格及操守和事蹟始終大放光芒，為後人所崇敬。

　　「臺灣趙子龍誼會」成立後，串聯全臺趙子龍廟互相扶持，推廣趙子龍信仰及趙子龍文化，成績斐然，並創立「臺灣趙子龍文化協會」以發揚中華文化，共同弘揚子龍精神。「臺灣趙子龍文化協會」今特出版《走訪趙子龍信仰》一書，內容蒐集全臺灣趙子龍廟、馬來西亞、中國大陸的趙子龍廟與介紹、相關趙子龍的故事、傳說等，還加入各地趙子龍廟宇所在地景點、美食及特

產，提供讀者走訪時了解當地的人文和景觀，同時彙整了各地廟宇對趙子龍的稱呼及趙子龍之聖誕有關慶典儀式。這是一本可說具有歷史性、宗教性和風土性、社會教化性，也充滿人文關懷的好書。本人對於「趙子龍文化協會」之此一出書作為，深感敬佩，相信此書不但能有助於大家對於趙子龍及趙子龍信仰之更深入的瞭解，也必然會裨益「忠、義、仁、勇」美德的發揚與推廣。在此因新冠肺炎疫情及各種不同國家和文化的惡性競爭的衝擊，所造成的人性受到嚴重扭曲，社會公義價值遭到嚴重挑戰之際，我們更盼望趙子龍精神和趙子龍信仰的推廣和弘揚，能發揮更大的教化功能，為社會和人類帶來更有情有義、重忠信、講仁愛、勇於捍衛大是大非的優良風氣和道德觀念，以促使人類社會之更健全的發展。

趙守博

2021 年 4 月

趙守博先生為世界龍岡（劉、關、張、趙）親義總會第 12 屆主席，中華趙族宗親總會創會理事長。曾任總統府資政、台灣省政府主席、行政院祕書長、行政院政務委員、行政院勞工委員會主任委員等職。

推薦序：
大甲鎮瀾宮

　　三國名將——趙雲，不論就正史、傳記或演義，皆述其智勇雙全並兼具道德仁義操守，令後人景仰、崇敬不已。細數其生平事蹟，諸如：長坂坡之役，縱橫於曹軍千萬人馬之中，單騎救主、浴血奮戰、銳不可擋；桂陽太守趙範以兄嫂樊氏美色相誘，他以有違禮俗倫常悍然拒絕；劉備獲取益州，眾人建議以成都桑田、屋舍，論功行賞，但趙雲以霍去病之事反對，且百姓飽受戰爭之苦，應讓他們安居樂業為務；漢中之戰，於漢水畔智使空營計大敗曹兵，一身是膽。以上皆在在顯見趙雲實足為古往今來完美武將之代表。

　　大甲媽形象具有「母親慈祥」特質，和藹可親、關懷慈悲；而趙雲「國士無雙」的形象有忠、義、智、仁、勇的表現，堪與媽祖並轡；而趙子龍所呈現的忠肝義膽、智勇雙全形象，也讓信眾尊崇其德其行，使信徒朋友廣受祂的神力庇佑。

　　「臺灣趙子龍聯誼會」成立後，串聯全臺趙子龍廟互相扶持，接續創立「臺灣趙子龍文化協會」發揚中華文化，共同弘揚子龍精神，今出版《走訪趙子龍信仰》一書，以廣流傳，教化人心，特以推薦為序。

大甲鎮瀾宮董事長　顏清標
臺中市議會副議長　顏莉敏
　　　　　　顏寬恒　敬撰
2021 年 2 月 27 日

推薦序：
臺灣趙子龍文化協會

　　歷史流傳一卷汗青，以赤紅之忠烈，照耀典冊，常山趙子龍，長坂坡前，白騎單槍，如入無人之境，突破重圍，只為奮身救幼主，以報先主知遇之恩；帝君智勇雙全，一身是膽，處身於三國鼎立之世，立命於蜀漢忠貞之列；一心扶主，護國安邦，其英勇之氣，威凜之儀，已為忠勇典範，傳世流芳。自三國以降，1800 年，全臺兆民，奉祀承恩，相繼立廟。

　　放眼當今社會，異質文化衝擊，多元價值林立，自我意識抬頭，導致良知失衡，倫理背離，人心已非昔日簡約純樸、安貧樂道。古老的遺風，失守在名利的糾葛；美麗的顏色，淪陷在發酵的口水之中。忠孝之節，誠信之義，亦已日漸式微，緩緩隱退。面對傾斜的年代，趙子龍之風骨，不啻是一記暮鼓晨鐘，向上提昇之道德引力。

　　為喚起吾人對帝君趙子龍之夙昔典範，永昌宮發起成立第一屆「臺灣趙子龍聯誼會」，串聯全國各地供奉趙子龍之廟宇，藉由相互聯誼，彼此結盟，結合各方之資源，見證之分享，期盼由點線而面，推廣至海外各國。

　　西元 2018 年內政部核准成立「臺灣趙子龍文化協會」，讓趙子龍的忠勇遺風，能與關聖帝君、媽祖齊名，西元 2021 年發行《走訪趙子龍信仰》一書更讓趙子龍信仰普天信眾，同霑德澤，共仰靈威。

臺灣趙子龍文化協會理事長　林文章

副理事長　王境棋　敬撰

2021 年 2 月 27 日

主編群序

　　臺灣民間信仰中聖賢成神的神明相當多，有「關公」、「媽祖」、「王爺」，這些聖賢都因其事蹟後人給予相當的評價而受到崇敬。本書的前身為《趙子龍信仰在臺灣》，經過 10 年重新改名出版，編輯群走訪臺灣、馬來西亞、中國等趙子龍相關廟宇，考察、蒐集資料後又再加以整理編撰，力求完整呈現，目的是讓對子龍文化有信仰的讀者，能更加瞭解子龍爺成神後在各處發展的經過與事蹟。

　　此外，編輯群發現，除了特定廟宇分靈的子龍爺廟外，從早期地方發展的結果看出，所有的趙子龍聖誕日期不同、稱呼也不一樣，是個有趣的地方。

　　趙子龍信仰在臺灣廟宇相當少，除了十餘間具規模的地方公廟外，其他以中小型廟宇居多，算是極少數信仰。而海外的發展，就本書蒐集的馬來西亞子龍信仰發現，似乎與明朝中國先祖移民南洋時攜帶原鄉信仰有關。目前中國正定趙雲廟朝向觀光發展，四川大邑只剩下趙子龍墓、望軍樓保有祭祀。

　　本書目前蒐集臺灣廟宇 37 間、馬來西亞 6 間、中國趙子龍墓、望軍樓、靜惠山公園子龍祠資訊做為介紹外，也增加許多地方景點、美食介紹，供讀者走訪時順便觀光。

主編群　林昆德、陳宥霖、葉威伸
暨全體編委、總顧問　謝彧森　敬撰
2021 年 3 月 27 日

目錄

趙子龍的介紹

三國名將——趙子龍

　　趙雲，字子龍，常山真定人（今河北省正定縣），身長八尺，姿顏雄偉，初率領家鄉義從投奔公孫瓚，後從劉備，至終不背德於劉備。其一生功績卓著：在當陽長坂坡保護甘夫人、後主劉禪使得免難。從平荊南四郡，不為趙範以寡嫂樊氏美色所惑。博望一役擒獲同鄉夏侯蘭，薦為軍正，不以自近。在劉備入蜀時，在荊州與張飛截江救劉禪。隨諸葛亮入蜀，自率一軍平定諸郡縣，會於成都，平蜀後，力勸劉備將田宅歸還當地人民。漢中一役時，救黃忠、張著，使空營計大敗曹軍。劉備欲討孫權時，力諫：國賊是曹操，非孫權，滅魏後，吳自然降服。建興5年（西元227年），隨諸葛亮北伐，眾軍皆失利大敗，只有趙雲軍因其親自斷後，因此未遭遇太大損失。一生歷任牙門將軍、偏將軍、桂陽太守、翊軍將軍、中護軍、征南將軍、鎮東將軍等職，封永昌亭侯；建興7年（西元229年）逝世，追諡為順平侯。

　　據陳壽《三國志·蜀書·趙雲傳》及裴松之注引《雲別傳》，及至元末明初羅貫中汲引史籍、民間傳說，再加上個人創作而成的《三國志通俗演義》所載，趙子龍的形象更加鮮明，地位也進一步提升。其中「趙子龍計取桂陽」；保護劉備南徐就親；與關羽、張飛、黃忠、馬超齊名，受封為蜀漢五虎大將軍；劉備慘敗夷陵時前往救駕；年近70歲，驍勇善戰仍不下當年，一人力敗西涼大將韓德父子五人等，諸多經典故事情節，皆仍見於現今通行的《三國演義》小說中。日後數百年來的趙雲形象就以此延續與傳承，如今時人仍不斷歌頌其忠、勇、智、仁、嚴等品格和精神，各種德行兼具的「完美武將」已然成為趙子龍名下的代表意涵。

趙子龍信仰

中國民間信仰，自古以來有不少忠孝節義之賢人死後受封為神明，冀望藉其聖蹟來教化後世子孫，以為楷模，啟發後代，因此建廟崇祀祭拜及懷念，並祈求神明能保佑平安健康與和樂。

而趙子龍信仰亦如此，趙子龍逝世後被神格化成為民間信仰之一環，後世人尊稱趙府元帥、趙元帥、趙府千歲、趙聖輔天帝君、趙聖定遠帝君、趙聖帝君、南宮輔佐真君、子龍爺或趙子龍公等等，神威顯赫，庇佑百姓，受到全臺各地信徒崇拜。

趙子龍信仰可謂遍及臺灣，其中以中部的臺中大肚合興宮、雲林虎尾拱雲宮、雲林莿桐雲天宮、雲林斗六天龍宮，南部的嘉義布袋普天宮、臺南佳里子龍廟永昌宮、臺南東山崎腳子龍廟、屏東恆春四溝千鋒殿，以及東部的宜蘭頭城慶安堂、臺東東凌宮及鎮濱宮最具規模，因此在臺有不少宮、廟、壇皆是由從這些廟分靈而來。但無論是由臺灣祖廟還是由大陸祖廟分靈而來，在各個宮、廟、壇信眾虔誠的崇祀及努力之下，原為小壇者也轉變為中型規模之宮廟，進而形成大規模之廟宇，趙子龍之信仰也越廣為人知。然而，除了本書簡介所及之宮廟外，尚有甚多宮、廟、壇不及備載。

神明信仰的職掌多為其生前或神化後之職務或功績而來，但趙子龍信仰並非像財神爺、文昌帝君、月下老人等這一類有專職的神明，其信仰功能受到其生前之功勳紀錄，忠義雙全、肝膽相照、驍勇善戰之精神影響，因此凡濟世救民之事務皆有管轄，只要誠心祭拜，凡事皆能有所回應。各奉祀廟宇也提供祭拜、求神問卜、收驚、煮油淨厝、乞龜等不同的方式來向神明祈求平安福氣。致於其崇祀方式則與一般民間信仰相似，多以道教儀式舉辦聖誕祝壽、進香謁祖等遶境活動，主要是為了酬神感念神恩，同時向神明祈福。

▲當陽長坂坡趙子龍地標

趙子龍故鄉

趙子龍之故鄉為常山真定。常山，為漢時冀州轄屬之郡，範圍隨朝代更迭而有所變化，主要包括河北省石家莊及邢台部分地區，以今天河北省正定縣石家莊市附近為中心。河北省為三國文化發祥地，諸多知名三國名將皆發跡於此；而正定縣（清雍正時由真定更名）在古代一直是河北地區重要的商埠，城內古建築極多，有「九樓四塔八大寺，二十四座金牌樓」的說法。

河北正定趙雲廟

在河北省正定縣趙子龍之鄉里故居，人民無不引以為傲，男女老少皆知趙子龍之事蹟，長坂坡護主之故事廣為傳頌，崇敬之心不在話下。歷代先賢感謝其貢獻，於其故里興建「趙雲廟」祭祀，奉其為神明。

西元 1996 年，趙雲廟擴建重修，並對外開放。重修後廟占地 12 畝，主要廳殿有山門殿、四義殿、五虎殿、君臣殿、順平候殿。

四川大邑順平侯趙子龍墓

據《三國演義》及明、清《大邑縣志》載，蜀漢建興 7 年（西元 229 年），趙子龍病逝後，後主劉禪將其敕葬於成都銀屏山，立有順平侯趙雲墓，並建祠廟追祀紀念。根據大陸專家學者考究，認為成都銀屏山即今四川成都大邑縣錦屏山。

祠墓歷經多次修建，坐西北向東南，依山而建，四周有石砌女牆。墓前祠廟為四合院建築，並融合川西民居木構建築及祠廟建築風格。趙雲墓塚大如小丘，旁有因山閣及小滄州等樓閣與園林建築。因四川大地震，震毀多處遺跡建築，於 2009、2010 年間曾進行修建工程。2020 年 1 月 21 日，三國子龍文化產業園簽約儀式在大邑縣子龍祠舉行，此次建設內容主要包括景區和文創產業園等，項目旨在依託豐富的三國趙子龍文化遺產，營造特色文化

場所，同時活化利用周邊工業遺產，打造子龍文化特色城市文創空間，構建園區發展核心引擎，形成大邑子龍文化產業集群。

靜惠山公園子龍祠

明代曹學佺《蜀中廣記》卷十三〈上川南道・邛州・大邑縣〉云：「靜惠山，一名東山。山下土城，相傳是蜀漢將軍趙雲築。蓋雲嘗防羌於此，有雲墓及廟存。」

20 世紀 80 年代，支持遷建子龍廟的當地人士以此為依據，選擇在靜惠山上修建紀念性的子龍祠，並豎立「子龍神佑太碑」一通。大邑縣靜惠山上的子龍祠，雖然屬於 20 世紀 80 年代所建的紀念性景觀，但是考慮到選址所依據的明代文獻記載在民間流傳已久，是三國文化在當地廣泛影響的結果和見證，故而與附近銀屏山麓的子龍廟（子龍墓）一併納入調查。

大邑望軍樓

乾隆《大邑縣志》將望軍樓列於〈古蹟〉的第一位，記云：「舊傳蜀漢順平侯趙子龍鎮守是地，演兵之所。」當地文史學者認為自明末甲申兵燹之後，大邑古蹟雖然幾成灰燼，但經過李德耀縣令的重建，很多古蹟都得到恢復。望軍樓也許因為偏僻之故，沒有遭到重大破壞，恢復起來較快，所以相比之下它是古蹟中第一。

望軍樓雖地處偏避、資源缺乏，但目前已為地方人士建設為廟宇，在大殿供奉趙子龍神像，每年清明節為子龍將軍的祭祀日。

▲大邑子龍墓

▲靜惠山公園子龍祠

▲大邑子龍墓石碑

▲大邑望軍樓

▲河北正定趙雲廟風貌

▲河北正定趙雲廟趙子龍像

▲河北正趙雲廟碑文

▲河北正定趙雲廟簡介

臺灣趙子龍聯誼會

一、創立緣起

回首過往的三國時代，那樣的烽煙歲月，出了不少的駿逸雄武與衝鋒驍勇的武略人才，有受人讚頌，也有受人尊敬者，其中最令人敬佩的忠肝義膽精神，非屬趙子龍不可，其完美的形象，受到後人極大的景仰。

後人為了讓趙子龍的精神永傳不滅，在民間信仰中，將宗教文化與歷史脈絡串聯，並創建主祀趙子龍的宮廟，祭拜趙子龍神尊，也就是趙聖帝君，又稱趙聖輔天帝君、趙府元帥、趙聖定遠帝君、趙聖輔王、趙府千歲、中軍元帥等。趙聖帝君靈威顯赫，不僅使宮廟香火鼎盛之外，善男信女有求必應，吸引絡繹不絕的人潮。

臺灣道教淵源流長，其中祀神拜佛活動是最重要的一環，在各為其主神的信仰中，部分神祇成立聯誼會已有一段時期。為了弘揚忠膽義魄、一心護主的趙子龍精神，於是結合全臺各地奉祀「趙子龍」廟宇成立「臺灣趙子龍聯誼會」。

二、成立

民國 99 年 7 月 18 日，於臺南佳里子龍廟永昌宮集會，會中成立「臺灣趙子龍聯誼會」並選出第一屆臺灣趙子龍聯誼會會長，由臺南佳里子龍廟永昌宮榮任，雲林虎尾內埒拱雲宮擔任第一副會長（接任明年會長一職），臺東東凌宮聖帝廟擔任第二副會長（接任後年會長一職），雲林斗六天龍宮擔任監察人。經由大會全體會員通過設有神尊、印璽、會旗以代表其傳承涵義，並授權通過由第一屆會長全權處理。

　　民國 99 年 12 月 12 日舉行第一次會員大會，會中由佳里子龍廟永昌宮會長代理人林玉良主委接任總會旗、神尊、印信等，並授會員旗給各會員，場面盛大。

三、宗旨

　　臺灣趙子龍聯誼會為促進同祀宮、廟、壇的發展以及宮、廟、壇之間的聯誼，進行文化交流、信仰保存之事務，結合同系向心力，達到宮廟互相交誼，以弘揚忠膽義魄、一心護主的趙子龍精神為主旨。使香火更加鼎盛，綿延不斷，千秋萬世。

▲臺灣趙子龍聯誼會第八屆大會,左前總統府資政趙守博,右子龍里里長謝清安

▲臺灣趙子龍聯誼會會長神尊

▲臺灣趙子龍聯誼會印信

▲臺灣趙子龍聯誼會聖位

▲臺灣趙子龍聯誼會旗

▲臺灣趙子龍聯誼會成立大會第一任會長代表人林玉良

臺灣趙子龍文化協會

地址：臺南市佳里區子龍里子龍廟 40 號
電話：（06）726-2348

一、緣起

臺灣趙子龍聯誼會成立以來，廣受喜愛趙子龍、三國文化人士注意，但聯誼會受限以廟為單位，因此，在祕書長林昆德奔走之下，向內政部申請成立「臺灣趙子龍文化協會」，不僅讓宮廟執事人員加入，同時可讓其他人士能以個人名義加入，共同推動子龍文化及忠義精神。

二、成立

西元 2018 年臺灣趙子龍文化協會，於臺南市走馬瀨農場展開第一屆第一次理監事會議選舉，在眾人歡慶鼓掌之下，首推林文章先生擔任理事長一職、王境棋先生擔任副理事長一職，常務、監察、理事由聯誼會各宮執事人員擔任，成立之初會員近 200 多人，目前持續增加中。

三、宗旨

（一）聯誼祀奉趙雲宮廟、弘揚忠膽義魄精神。
（二）宣持趙雲忠義美德、宣導善良風俗習慣。
（三）結合宗教文化藝術、傳承道教傳統科典。
（四）普渡大眾文化道德、布達宗教正面資訊。
（五）興辦慈善公益事務、推行宗教文化事業。
（六）協助政府推行政令、舉辦益世社會活動。

四、會務活動

（一）中國三國尋根參訪

西元 2018 年 12 月 10 日，臺灣趙子龍文化協會理事長林文章、副理長王境棋、總幹事謝或森、理事趙世崧、林文進、林達、監事鍾大焜、祕書長林昆德、副祕書長陳宥霖、會員莊福清、陳佑全、戴志宏、李聖良等代表，前往中國正定趙雲廟、當陽長坂坡、武當山真武大帝、宜賓哪吒行宮、大邑趙雲墓展開九日行。

首站抵達河北正定趙雲故鄉，受到前河北省政協副主席王滿秋先生、河北省趙子龍文化研究會祕書長孫新華女士、趙氏宗親會會員及各處重要官員熱情的接待，進行交流互贈紀念品留念。

接續乘高鐵來到武漢，再轉搭巴士至當陽長坂坡，體驗當年趙子龍在此地「七進七出」殺敵斬將、救阿斗突破重圍之勇。傍晚時刻，由當地旅遊局長官前來進行文化交流，次日邀請參訪當地關公顯靈之處玉泉寺、劉備三請孔明出山地方「古隆中」；上武當山入住後，參觀紫霄宮、南岩宮真武大帝聖地，飛往四川成都來到宜賓哪吒行宮與行宮住持交流，隨即前往大邑靜惠山公園子龍祠，下山後由大邑趙研會劉會長等人陪同在趙子龍墓前進行隆重祭典儀式、互贈信物後，結束九天三國參訪之旅。

（二）馬來西亞趙子龍宮廟交流

西元 2019 年 9 月 14 日，趙子龍文化協會理事長林文章、副理事長王境棋、總幹事謝或森、理事林文進、林達、永昌宮顧問鍾東山、祕書長林昆德、副祕書長陳宥霖、會員莊福清、陳佑全、張秀儉、鍾麗玉、楊牡丹、葉威伸等代表，出訪馬來西亞檳城天福宮、麻坡順平宮、鳳威宮、砂益玉仙宮白馬將軍、麻北蓮花村風雲廟等五間馬來西祭祀趙子龍的宮廟，了解其發展情形，並藉此邀約相關宮廟來臺參訪，促進臺馬雙方的宗教文化交流。

首先，第一站來到有兩百年歷史的趙子龍廟宇——檳城天福宮，次日趙子龍將軍聖誕場面浩蕩，由天福宮總務游國龍先生、主委許成漢進行天福宮導覽，我方贈與臺灣子龍廟與相關經書、胸章、金幣以茲感謝。

　　接續，飛往馬六甲來到麻坡順平宮由拿都李朝發先生、主席鄭期源先生、壇主林家慶先生率領理事部團隊熱情的接待我方參訪團，當晚為順平宮過刀梯儀式，整座山頭猶如不夜城，熱鬧非凡。此外，順平宮趙聖輔天帝君在高興之餘降鑾指示明年要來到臺灣對祭祀趙子龍友宮進行交流。

　　接續幾日，參訪麻坡鳳威宮由會長陳邦平先生率隊接待，贈與我方團員當地特產，且特別準備馬來西亞榴槤王招待，陸續拜訪砂益玉仙宮，最後來到蓮花村風雲廟，由曾經在屏東海洋科技大學留學的蔣湧先生與主席熱情的接待，贈送我方玉如意雕件，希望大家都能萬事如意、圓滿豐收，結束馬來西亞六天之旅。

（三）馬來西亞順平宮參訪臺灣子龍廟

　　2020 年初受到新冠病毒影響，當時大馬確診數遠低於臺灣，原本順平宮參訪團員一直遲疑，甚至取消不敢前來臺灣，但順平宮趙聖帝君之前有降鑾指示到臺灣友宮進行交流聯誼，於是順平宮理事部召開會議後，決定再次請示趙聖帝君是否要前往臺灣，得到結果指示：未來臺灣的防疫會比其他各國還好，請林家慶壇主帶隊前往臺灣，帝君在此保證沒問題。最後決定於 3 月 6 日來到臺灣，展開 6 天的交流聯誼。

　　抵達高雄首站，由協會理事長林文章、永昌宮、高雄趙雲廟等人展開歡迎儀式，並由協會祕書長林昆德、副祕書長陳宥霖陪同參訪。

　　來到了臺南文化古都，由臺北子龍廟建廟主委林文進、安平大天后宮主委盧友禮、雲林臺西安南宮主委吳塗城、里長聯誼會

臺灣趙子龍文化協會

41

副會長鄭聰維、安龍壇、臺南市議員盧崑福等人，陪同導覽臺南安平樹屋、英商德記洋行、安平古堡、安平開臺天后宮。

傍晚時分，來到五塊寮慶和宮由主任委員曾弦峻、建醮副主委莊福清陪同參禮保生大帝，且由四草大眾廟主任委員吳仁杞陪同一起乘船遊臺江內海。

隔日早晨參加永昌宮趙聖輔天帝君聖誕生日醮儀式，隨即往大肚合興宮參訪交流，由主任委員趙正弘、副主委趙世崧、大肚區長白峨嵋、礦溪書院爐主兼市議員祕書邱豐豐等人，觀摩合興宮大邑趙子龍像，參禮完畢後，由大肚區長白峨嵋導覽礦溪書院、解說大肚在地特產文化，並到王田天和宮參觀紙神尊。

隨後，前往臺南崎腳子龍廟，由主委林振坤帶領委員以東山有名咖啡款待，晚上則由高雄趙雲廟主委林杏玟帶領委員會，邀請馬來西亞順平宮參加平安宴、歡唱，熱鬧非凡。

最後幾日，由高雄三鳳宮董事長孫宗英介紹參觀三鳳宮建築，接續前往虎尾埒內拱雲宮，由主任委員王境棋、埒內里長鐘大焜陪同參觀拱雲宮、虎尾毛巾觀光工廠等地後，再由斗六天龍宮主任委員王專色、文化協會常務理事劉哲擇、莿桐雲天宮主委委員林宏昇陪同介紹天龍宮、雲天宮的子龍傳奇故事。

馬來西亞順平宮六天訪臺之旅告一段落，期待擇日再訪，一起共創臺馬文化交流。

2018 年中國參訪照片

▲中間河北省前政協王滿秋

▲中間河北省前政協王滿秋

▲大邑代表贈送協會字畫　　▲大邑子龍賦酒業池國勇總經理贈酒

▲四川哪吒洞合影

▲臺灣趙子龍協會贈送正定
趙雲廟銅雕

▲理事長林文章代表協會贈
送大邑文管所銅雕

▲正定趙雲故里合影

▲辛亥博物館合影

▲玉泉寺合影

▲當陽長坂坡合影

▲黃鶴樓合影

▲與當陽文化局長宴餐

▲2018 年河北代表送贈協會信物

▲2018 年正定趙雲廟（故里）合影

2019 年馬來西亞參訪照片

▲馬來西亞順平宮參訪

▲馬來西亞中左李朝發拿都

▲馬來西亞天福宮

▲馬來西亞出訪團員

▲馬來西亞砂益白馬將軍廟

▲馬來西亞麻北風雲廟

▲馬來西亞永平趙子龍廟

▲馬來西亞各宮代表合影

▲馬來西亞檳城天福宮理事部合影

▲馬來西亞理事長林文章與副理事長王境棋

▲副理事長王境棋與風雲廟主席

▲理事長林文章與天福宮總務游國隆

2020 年馬來西亞順平宮來臺參訪

▲馬來西亞順平宮、安南宮、安龍壇

▲馬來西亞順平宮參訪永昌宮

▲馬來西亞順平宮與大肚區
長白峨眉

▲馬來西亞順平宮在永昌宮合影

▲馬來西亞順平宮參訪大肚
礦溪書院

▲馬來西亞順平宮參訪天和宮　▲馬來西亞順平宮參訪天龍宮

▲馬來西亞順平宮參訪四草大眾廟

▲馬來西亞順平宮左壇主林家慶右爐主邱豐豐

▲馬來西亞順平宮參訪合興宮

▲馬來西亞順平宮參訪垾內拱雲宮　　▲馬來西亞順平宮參訪高雄趙雲廟

▲馬來西亞順平宮參訪臺南崎腳子龍廟

▲馬來西亞順平宮與三鳳宮董事長孫宗英

▲馬來西亞順平宮與拱雲宮主委王境棋

▲馬來西亞順平宮與臺南大天后宮主委盧友禮

▲馬來西亞順平宮參訪慶和宮

▲馬來西亞順平宮與臺北子龍廟代表合影

本書蒐集
趙子龍稱呼、聖誕日期

一、臺灣

編組	宮名	子龍爺聖號	聖誕日（農）
1	新北市板橋區子龍府	趙聖帝君	02/16
2	新北市三重區無極明清天元道場	趙聖帝君	02/16
3	宜蘭縣頭城鎮慶安堂	定遠帝君	05/03
4	宜蘭縣三星鄉聖天宮聖中會	趙聖帝君	02/16
5	桃園市大溪區奉安宮	趙聖帝君	02/16
6	臺中市大肚區合興宮	趙府千歲	05/01
7	臺中市清水區開基南清宮	趙聖帝君	02/16
8	彰化縣和美鎮集聖宮	趙府元帥	08/16
9	彰化縣秀水鄉保興堂	趙府元帥	03/25
10	彰化縣鹿港鎮武雲宮	趙府元帥	03/27
11	雲林縣莿桐鄉雲天宮	趙府元帥	03/27
12	雲林縣莿桐鄉忠雲宮	趙府元帥	03/27
13	雲林縣斗六市天龍宮	趙聖定遠帝君	02/26
14	雲林縣虎尾鎮垷內拱雲宮	趙府元帥	03/27
15	嘉義縣布袋鎮嘉應廟	趙府元帥	03/27
16	嘉義縣中埔鄉順平宮	趙府千歲	08/16
17	嘉義縣布袋鎮普天宮	趙府元帥	03/27

編組	宮名	子龍爺聖號	聖誕日（農）
18	臺南市南區永龍宮	趙聖帝君	02/16
19	臺南市佳里區子龍廟永昌宮	趙聖輔天帝君	02/16
20	臺南市新營區龍聖宮	趙聖輔王	02/16
21	臺南市安定區許中營順天宮	趙府元帥	02/16
22	臺南市後壁區龍興宮	趙聖定遠帝君	09/27
23	臺南市後壁區趙聖壇	趙府元帥	08/23
24	臺南市七股區正義壇	趙府千歲	02/16
25	臺南市東山區崎腳子龍廟	趙府千歲	01/15
26	臺南市麻豆區護安宮	趙府元帥	10/16
27	臺南市安南區外塭順天府	趙府千歲（聖誕統一祭祀）	05/13
28	高雄市鳳山區苓發宮	趙聖帝君	02/16
29	高雄市岡山區行天宮	趙聖帝君	02/16
30	高雄市林園區正氣南聖宮	趙聖帝君	02/16
31	高雄市大寮區趙雲廟	趙聖帝君	02/16
32	屏東縣恆春鎮四溝千鋒殿	中軍元帥	02/04
33	屏東縣恆春鎮玉旨龍雲殿	中軍元帥	02/16
34	臺東市鯉魚山龍鳳佛堂	趙子龍元帥	02/16
35	臺東市東凌宮聖帝廟	趙聖帝君	02/16
36	臺東縣都蘭村子龍廟	趙聖帝君	02/16
37	臺東縣長濱鄉鎮濱宮	趙聖帝君	02/16

二、馬來西亞

編組	宮名	子龍爺聖號	聖誕日（農）
1	檳城天福宮	趙子龍將軍	08/15
2	麻坡順平宮	趙聖輔天帝君	08/20
3	麻坡鳳威宮	趙子龍元帥	08/20
4	砂益白馬將軍廟 （趙子龍將軍廟）	趙子龍將軍	08/18
5	柔佛州麻北風雲廟	趙子龍將軍	10/03
6	永平趙子龍廟	趙子龍將軍	08/18

三、中國

編組	宮名	子龍爺聖號	聖誕日（農）
1	大邑趙子龍墓	漢順平侯	清明節
2	大邑望軍樓	趙子龍將軍	清明節

製編：陳宥霖 2020/12/18

本書蒐集趙子龍稱呼、聖誕日期

57

宜蘭縣三星鄉聖天宮聖中會

主祀神明

天上聖母：聖誕日期農曆三月二十三日

配祀神明

趙聖帝君：聖誕日期農曆二月十六日

玄天上帝：聖誕日期農曆三月初三日

中壇元帥：聖誕日期農曆九月初九日

千里眼將軍

順風耳將軍

地址：宜蘭縣三星鄉大隱村農義路 1 段 156 號

一、發展源由

　　早期徐家自宅中供奉一張來自南方澳的天上聖母照片，家中大小都日夜供奉，有一日徐主隨友宮進香，路途中家中聖母透過友宮乩身傳答指示，機緣已到要雕刻媽祖神尊。

　　媽祖神尊完成後，有一名乩身來到自宅降駕，指示再另請南投民間鄉崁柏嶺受天宮玄天上帝、德陽宮中壇元帥前來協助濟世，此外，趙聖帝君也在此借乩，請徐主前往臺南佳里子龍廟永昌宮恭請趙聖帝君回家中並立宮發威，自此後香火鼎盛、在三星鄉濟世萬民。（陳宥霖口述採訪）

二、景點、觀光體驗

分洪堰園區小橋造景

分洪堰風景區位於本鄉大洲橋西側約 800 公尺處，占地約為 2.2 公頃，於 81 年 4 月間完工。分洪堰為一獨特之水利設施，因灌溉需要將安農溪河水一分為二，經長時間河水沖刷而成為一三角洲地形，且因此處地下湧泉豐沛，遂將其開發為一遊憩據點。此處視野開闊並孕育豐富之植物及鳥類，較常出現之鳥類計有大蒼鷺、小白鷺、夜鷺、斑鳩、畫眉鳥、棕背伯勞、翠鳥、麻雀、黑頭文鳥、大捲尾、白腹秧雞、栗小鷺、灰鶺鴒、白鶺鴒、灰頭鷦、褐頭鷦鶯、八哥、家燕、綠繡眼等 19 種，為一極佳之賞鳥據點。

上將蔥仔餅

經營者：黃錫欽

電話：0933-931956

地址：三星鄉萬富村萬富路 111-25 號

產品：蔥油餅、蔥派、青蔥油（粉）

營業時間：每日 08：00-18：30

* DIY（預約制）、宅配、批發、零售

農夫青蔥體驗農場

經營者：蔣世賢

地址：三星鄉拱照村安農南路 2 段 3 巷 16 號

電話：0972-243252

體驗品項：採蔥體驗及蔥油餅製作（預約制）

營業時間：每日 08：00-17：00

上將泛舟

地址：三星鄉三星路 2 段 358 號（大隱派出所旁）

電話：（03）989-9453

體驗品項：泛舟（需預約日期及時間）

營業時間：每日 09：00-18：00、每年 5 月～ 10 月

資料來源：宜蘭縣三星鄉公所。

左：宜蘭三星鄉聖天宮聖天會眾神照片

右：宜蘭縣三星鄉聖天宮聖中會趙聖帝君

宜蘭縣頭城鎮慶安堂

主祀神明

定遠帝君趙恩主：聖誕日期農曆五月初三日

地址：宜蘭縣頭城鎮西 4 巷 5 號

電話：（03）977-5022

一、廟宇簡介

　　本堂堂務管理之初為堂主制，首任林心婦先生、二任林火生先生、三任陳合春先生、四任林才添先生，然後林先生於民國 52 年榮任宜蘭縣長，因公繁忙請辭，並建議本堂改為董監事制，經眾一致通過，先後推選李坤永先生、蕭松枝先生、陳圳成先生、吳新義先生、林吳貴仁先生等歷任董事長，復於民國 68 年經信徒大會議議決，配合政府法令，改為管理委員會。

　　本堂創建至今乃百年，因年久失修，屋頂嚴重漏雨，恐有倒塌之虞，應即整修，不能躊躇，經委員會議議決，訂於庚辰年孟冬動工整修，於歲次辛巳年孟夏整修完工，內外殿聖像亦全部修裝並按金，使本堂煥然一新，神人皆感欣喜。

二、建築特色

　　本堂保為保有百年文化古物、匾額、木聯等之古廟建築，深具參訪意義。

三、慶典活動

　　每年農曆 5 月 3 日定遠帝君誕辰，舉行三獻大禮。

四、美食、景點介紹

頭城老街

寧靜的街道和文化遺產，有百年歷史宅邸、傳統寺廟和小吃攤。

頭城運動公園

頭城運動公園是位於臺灣宜蘭縣頭城鎮的一座運動公園。地坪約 4 公頃，以附近的橋樑建築為特色。

蘭陽博物館

2010 年，籌建了 19 年的蘭陽博物館在烏石港區於焉落成，融入了東北角地景「單面山」型體的博物館建築體，有著來自礁岩的壯闊而優雅的藍灰色調。第二期的 CIS 色彩微調了館徽顏色，以回應建築體的色彩，使博物館有了完整和諧的視覺印象。

頭城第一家鹽酥雞

地址：宜蘭縣頭城鎮民鋒路 1 號

品誼古早味小吃

地址：宜蘭縣頭城鎮沙成路 50 號

奶油麵包頭城創始店 The Bread & Butter Bakery

地址：宜蘭縣頭城鎮民鋒路 6-5 號

資料來源：蘭陽博物館、頭城慶安堂管理委員會。

▲蘭頭城慶安堂古色古香風貌

▲宜蘭頭城慶安堂側身

▲宜蘭頭城慶安堂入口

▲宜蘭頭城慶安堂定遠帝君趙恩主　　　　▲宜蘭頭城慶安堂定遠帝君趙恩主

臺北子龍廟

創建年代：民國 94 年

主祀神明

趙聖帝君：聖誕日期農曆二月十六日

臺北子龍廟臨時行館館址：新北市板橋區中山路 2 段
443 巷 28 號

電話：（02）2603-2305、0953-421996

FB 粉專名稱：臺北子龍廟

一、臺北子龍廟（原板橋子龍府）緣起略記

　　臺北子龍廟創立起由係來自主祀神趙聖帝君（趙子龍）的濟世顯化與救民度民宏願而來。東漢末年三國名將趙子龍是無人不知、無人不曉的英雄，祂的忠勇精神受後人景仰，更被尊奉為神明受萬民朝拜。趙子龍將軍的神號有「趙聖帝君」、「定遠帝君」、「趙府元帥」、「趙元帥」、「趙子龍公」、「子龍公」、「順平侯」等。

　　隨著先民的遷徙，趙子龍的信仰流傳到了臺灣、東南亞。臺灣的趙子龍信仰約在明末清初隨著福建移民帶入臺灣，一開始先在臺灣南部雲林、臺南一帶發展，後來因為神威顯赫，臺灣各地也陸續有供奉趙子龍的寺廟宮壇出現。

　　雖然趙聖帝君的神靈信仰在臺已兩、三百多年，但臺灣臺北地區尚無一處供祀趙子龍的正式廟宇道場。趙聖帝君為了救渡北部地區的信眾，神靈來到了臺北，冥冥中尋找與祂宿世有緣之人，協助祂完成在北部建廟濟世的宏願，於此趙聖帝君找上了林定發夫妻。

　　林定發先生從小在民間信仰的宮廟環境下成長，板橋乾安府主祀神明是張李莫府千歲。林定發先生從小就對與神明有關的事務非常熟悉了解；林先生的夫人黃瀞宣女士也是神明的代言人（乩身），能與神靈溝通並傳達神靈旨意。從小就具有能看到、聽到神佛和鬼靈的特殊體質，嫁入林家後也執行了她陸續接觸的濟世等相關事務。

　　觀音佛祖在一次的進香活動中，降靈附身在黃師姐的身上，自此以後，每晚佛祖開始傳授符法、罡步、指法、五術等科儀，訓練她成為一位正式的神明代言人。從觀音佛祖降駕、授法後，便開始有了濟世救人的能力，時常為人消災解厄、指點迷津。

　　民國 94 年，林定發先生卸下了板橋乾安府主委職務，原本以為可休息不再接觸廟務工作，過著較為平常的生活，但卻沒想到上天賦予另一段任務。某天黃師姐在家中見到一名穿白色戰袍的將軍，白袍將軍對著黃師姐說，祂是常山趙子龍本靈，要透過他們夫妻在北部建廟發揮。當時黃師姐夫妻接受到這個訊息尚還猜疑，認為當世應該無人供奉趙子龍，可能是黃師姐看錯或聽錯而不予理會。此後，趙子龍神靈常常在黃師姐周邊顯現，甚至連林先生都可感應到趙子龍的神靈在家中出現。在半信半疑的狀態下，林先生開始向親友打聽有關供奉趙子龍元帥的廟宇，後來得知臺南佳里永昌宮的主神就是趙子龍，夫妻倆懷著又驚又疑的心情一行人三台車驅車前往臺南佳里。進到了永昌宮的大殿，夫妻倆才真的相信臺灣有供奉趙子龍的廟宇，此時黃師姐不自主的雙膝下跪參禮，想起身之時發現自己就像是被定住一般無法起身，就這樣在永昌宮的大殿上整整跪了兩個小時。趙聖帝君在永昌宮賜下了「子朽天地儘動搖，龍騰虎躍輩人出」這句對聯給黃師姐，預示了日後趙聖帝君在北部建廟發展的情景。當下黃師姐與林定發先生對趙聖帝君起了相信之心，並且知道祂是真的要到臺北發揮，建設一座正式廟宇道場來濟世。

返北後，趙子龍元帥指示定發夫妻成立會館作為濟世據點，並指示雕塑一尊站姿、踏山、留鬚、執戟之趙聖帝君神像供奉，即今日本廟之開基鎮殿帝君。林定發夫妻將趙元帥顯靈要在北部建廟創立會館的事告訴身邊的親友，許多人都願意一起跟隨趙聖帝君濟世，幫趙聖帝君成立會館，在眾人的合力奔走之下於板橋和平路成立「北武子龍會」。「北武子龍會」成立不久後，趙聖帝君又降旨將其更名為「板橋子龍府」，五年後，地址也從和平路搬遷到中山路現址，趙聖帝君在北部的濟世大業自此有了雛形。

　　由於趙聖帝君的神威顯赫、神蹟不斷，愈來愈多的信徒加入子龍府，讓子龍府更加地成長茁壯。為使廟務能順利運行，林定發先生受眾信徒推舉擔任主任委員成立「板橋子龍府管理委員會」。在宣揚趙聖帝君神威方面，板橋子龍府加入「臺灣趙子龍聯誼會」，與全臺各地供奉趙元帥為主神之廟宇共同宣揚趙子龍的神威，子龍府並榮膺第四任聯誼會會長。

　　本廟除供奉主神趙聖帝君外，亦供奉其他神尊如：二郎真君，玉皇太子，金龍太子，天上聖母，青山母娘，張、李、莫府千歲，孔明師尊，包府千歲等神尊。眾神齊降臨於臺北子龍廟，協助趙聖帝君濟世，也為信眾帶來全方位的庇佑。

　　民國 105 年歲次丙申年，三清道祖親臨降玉帝旨令，要我們前往三清宮正式領回子龍廟廟旨，同時我們再依趙聖帝君聖示前往宜蘭道教總廟三清宮向三清道祖請領建廟「廟旨」，三清道祖除了頒賜「廟旨」外，亦賜廟名「子龍廟」予趙聖帝君。民國 108 年歲次己亥，趙聖帝君降諭，廟名正式命為「臺北子龍廟」，並親點林文進先生為建廟主委，組織建廟委員會主導一切建廟事宜。同年國曆 12 月 21 日，農曆 11 月 26 日舉行「臺北子龍廟建廟委員會成立大典」；「板橋子龍府」亦在是日正式更名為「臺北子龍廟」，對外宣告趙聖帝君建廟聖業正式展開。相信在林文進主委的帶領以及建廟委員會各幹部委員的努力下，未來定能在臺北

地區建造一正式的趙子龍廟宇道場，圓滿帝君在北部建廟濟世之宏願。

二、交通方式與美食、景點介紹

交通方式：自行開車國道一號→新北環河道路→中山路右轉即可抵達。

新勝發臺灣人文餅鋪

創始於西元 1956 年，迄今已有 60 餘年歷史之老店，一提起板橋埔墘名產——豆蓉肉塊酥，則非「新勝發」莫屬了。「創始人」——杜發，從小自餅鋪學徒做起，60 年前自行開業，除了繼承傳統口味，也不斷嘗試開發新產品，「豆蓉肉塊酥」就是約 20 年前創始人杜發的構想，成為「新勝發」獨家的招牌產品，連他的長子——杜蘇志，都被同業稱為「肉角杜」。

地址：新北市板橋區中山路 2 段 388-1 號
電話：（02）2961-8891

資料來源：臺北子龍廟管理委員會。

▲臺北子龍廟眾神尊

▲臺北子龍廟趙聖帝君

▲臺北子龍廟獨特九龍大印

▲臺北子龍廟臨時行宮

臺北三重明清天元道場

創建年代：民國 73 年

主祀神明

趙聖帝君：聖誕日期農曆二月十六日

地址：新北市三重區大同北路 115 巷 2 號

電話：（02）8985-2826

一、三重明清天元道場緣起

　　明清天元道場前身為明清宮，於民國 99 年趙聖帝君降下玉旨更改宮名，將明清宮更改為明清天元道場，創建於民國 73 年，某日趙聖帝君託夢給林明清先生，表明要在臺北濟世，於是前往臺南佳里區子龍廟永昌宮擲杯，迎請趙聖帝君金尊 83 號。

　　明清天元道場屬於佛道融合，由一群師兄、師姐組織而成，為信徒服務，辦理各項活動。隨後在因緣際會之下，陸續迎請北極玄天上帝、關聖帝君、王母娘娘等神尊一同濟世。

二、神蹟傳說

　　有位精神異常的女士，家人為幫助病情讓她好轉，求助明清天元道場趙聖帝君幫忙，帝君顯靈度化，讓這位女士精神恢復。此後就留在道場一同協助帝君救濟世人。

臺北三重明清天元道場

71

桃園市大溪奉安宮

主祀神明

趙聖帝君：聖誕日期農曆二月十六日

地址：桃園市大溪區康莊路 5 段 671 巷 1 號

電話：（03）471-4095

一、創建沿革

桃園奉安宮前身為桃園子龍聯誼會，於西元 2006 年由一群敬仰趙子龍精神志同道合之人一同成立，每年於農曆 2 月 16 日趙聖帝君聖誕前，皆恭請神尊回祖廟佳里永昌宮子龍廟過爐謁祖，並於行程中至各供奉趙聖帝君為主神之友宮會香參拜，此為每年必要之行程，一來溯源謁祖，二來與各同主神之友宮聯誼，人神同歡，也感謝各友宮一路以來不吝指教，讓原桃園子龍聯誼會能夠年年成長。此外，西元 2018 年 6 月，恭請祖廟永昌宮趙聖帝君同手轎北上指導，祖廟趙聖二帝君降臨首示，賜宮名奉安，並交代恭請南鯤鯓代天府吳府三千歲回宮安座並就近領旨（正巧本宮於半年多前，向南鯤鯓代天府登記恭請之吳府千歲金身剛開光完成）。

另於該年 8 月預計贊境友宮新營龍聖宮遶境，於是子龍廟謝總幹事請示祖廟趙聖二帝君，可否於遶境隔日至南鯤鯓代天府之凌霄寶殿恭領宮旨，並恭請吳府千歲回宮安座？趙聖二帝君手轎聖示「可」，並寫道「順道回宮領兵」，還指定本宮開基趙聖帝君同往。巧的是，該年 4 月本宮曾請示贊境時應恭請哪尊聖神參與，當時指定本宮開基趙聖帝君，這也是祂首次參與友宮贊境，而這與當日之指定不謀而合。事後談起一連串時間點及種種巧合無不嘖嘖稱奇。後於戊戌年 8 月 21 日恭領宮旨、祖廟兵將，並恭

請吳府千歲回宮安座、昇宮區，一日行程全部聖杯落地，所有人員無不同感神恩，同霑法喜；並於同年底成立桃園奉安宮第一屆管理委員會，使得趙聖帝君精神繼續發揚傳承。

二、交通方式與美食、景點介紹

交通方式：自行開車龍潭交流道下→往石門水庫→過溪洲大橋左轉 200 公尺。

石門水庫

石門水庫曾經是遠東最大的水庫，目前亦是臺灣北部的重要水庫之一，一年四季，湖光山色，風景秀麗。石門水庫對外可連接十幾個旅遊景點，園區大小公園綠樹成林，有自行車步道，也有環湖遊艇，提供旅客多元的休閒樂趣。

大溪老街

玩味巴洛克建築語彙、來老商行體驗傳統木藝、古廟參拜關聖帝君、品味老字號豆干等，要認識大溪老城區文化，就從百年街屋開始。

拉拉山

達觀山原名拉拉山，位於桃園市復興區與新北市烏來區的交界。民國 62 年（西元 1973 年）文化大學教授在這裡發現了大片的神木林，從此成為眾所矚目的休閒新據點。也因其林區相當豐富，並擁有全臺灣面積最大的紅檜森林，於是政府在民國 75 年（西元 1986 年）正式成立達觀山自然保護區，範圍涵蓋北橫巴陵附近山區。達觀在泰雅族語裡，是「美麗」的意思。

園區內林種豐富，如青楓、紅榨楓、山毛櫸等變色葉木，每當深秋，綠葉轉黃、轉紅，別富詩意。遊客可盡情欣賞這些樹齡在 500 年至 3000 年左右，饒富特色，像神話般存活著的紅檜巨木。

資料來源：桃園奉安宮。

▲桃園奉安宮開基趙聖帝君

▲桃園奉安宮大殿

▲天龍宮贈桃園奉安宮匾額

▲參與祖廟永昌宮戊子年建醮遶境留念

▲祖廟永昌宮恭賀桃園奉安宮領旨匾額

▲桃園奉安宮吳府千歲　　　　▲桃園奉安宮莫府千歲

▲桃園奉安宮趙聖帝君

臺中大肚合興宮

發跡年代：民國約 40 年左右
創建年代：民國 65 年

主祀神明

趙府千歲：聖誕日期農曆五月初一日

配祀神明

宋太祖：聖誕日期農曆正月十日
三清道祖：聖誕日期農曆二月十五日
玄天上帝：聖誕日期農曆三月初二日
瑤池金母：聖誕日期農曆七月十八日
中壇元帥：聖誕日期農曆九月初九日
地址：臺中市大肚區大肚里平和街 57 號
電話：（04）2699-2494
FB 粉專名稱：大肚合興宮管理委員會

　　合興宮坐落於大肚里平和街，主祀趙府千歲（趙子龍）、玄天上帝、中壇元帥等神尊，是大肚里里民主要信仰中心之一，由於本宮太子神威顯赫、靈驗四方，信徒崇奉有加，多俗謂本宮為「三太子」、「太子爺廟」。本宮建廟之緣起，可溯自清雍正年間，趙氏先民抵臺開拓時，恭請武當山玄天上帝神像隨身護佑，擇居於大肚庄菜園內墾荒耕種，並將玄天上帝金身奉祀自宅大廳內，承受四方香火。

一、創立緣起

　　大肚合興宮創立起源源自管理人趙從焚先生，原先是大肚玄興宮上帝爺乩生，但因玄興宮乩生眾多，眾多乩生爭先輪流辦事為信眾解謎，但管理人趙從焚先生選擇不與其他乩生輪流辦事為上帝爺服務。但與戴天命，民國47年八二三炮戰，管理人趙從焚先生奉派駐守金門，漫天砲火中，玄天上帝爺及時顯化於前線，化身成一位黑鬚中年人來破天機，指點幾點幾分會有砲彈降落要趕快撤退，趙從焚先生通知戰友因而全員平安。退伍後自宅常見大蛇示現，每天傍晚從臺紙下班回家後，眾神便入夜操演訓乩，讓本宮管理人趙從焚先生不得不聽從天命，領旨為信眾解謎，以金葷書明重修玄天上帝神像，並擇良時吉日扛鑾轎遶境恭請天神下凡。從當地耆老口述中得知趙從焚先生當時發乩狀況，趙從焚先生所扛鑾轎發乩，一路被扛好幾公里直到大肚山的鳳梨山頭，才把原先準備的神像開光點眼，後來才知道上天所派來降魔濟世的神聖為中壇太子元帥，自後趙從焚先生為中壇三太子元帥乩生。起初乩生無法開口為信眾解惑，遇上困難溝通不易，經龍井一位紅頭法師開化開口符，乩生才得以開口為信眾濟世，自此靈驗四方、香火鼎盛。（陳宥霖口述採訪）

二、主神趙府千歲

　　自三太子遶境以來，神威顯赫，德澤廣被，善信禱求，各個喜達所願，香煙日日鼎盛，奉三太子指示信眾迎奉趙府千歲為鎮殿主神，信士陳肇芳、王金定、趙從焚等人奉玉帝聖旨，往苗栗後龍尋找趙府千歲，下至後龍火車站便有一位老年人指引方向至後龍和興宮就消失，原來趙府千歲（三國名將趙子龍）是後龍和興宮七府千歲之一，恭請趙府千歲香火、劍令返回承祀，同時前往鹿港雕塑趙府千歲金身，眾人入店門口，說明來自大肚，雕刻師便開口說，你們是否要雕趙府千歲神像？眾人聞言愕然，雕刻

師說明原因，昨夜趙府千歲入夢示現告知，為黑鬍鬚手持青虹劍，眾人感服神靈顯赫。趙府千歲雕裝完成，庄眾擇日恭請回宮，奉為鎮殿主神，配合廟內眾神輔助三太子行醫濟世，驅邪除災，聖名遠播千里，香火與日俱盛。（陳宥霖口述採訪）

三、大陸四川哪吒祖廟蓮花三太子鎮守合興宮

　　民國67年臺灣宣布解除戒嚴，兩岸交流尋根溯源為中華民族固有傳統，意義慎重，本宮三太子靈驗四方、香火鼎盛，由於本宮三太子元帥是從天而降非他處分香，聽聞哪吒三太子發源地是大陸四川省哪吒行宮，當時剛解除戒嚴，無人前往證實確實位置，當時友宮高雄市三鳳宮率先組團尋根，回臺後分享成功經驗。於是合興宮管委會及爐下眾信徒自己籌備經費，於民國81年歲次壬申年農曆3月6日奉三太子令旗，前往中國四川省，當時交通不發達，由當地導遊帶路乘直升機於農曆3月9日抵達翠屏山，抵達後樹林茂盛，連當地導遊也找不到哪吒三太子祖廟位置，當眾人煩惱找無道路之時，三太子鑾轎突然發乩帶路找到哪吒行宮，眾人嘖嘖稱奇，神威顯赫。進入宜賓哪吒行宮參拜三太子後，還恭請一尊蓮花三太子金身返臺鎮宮奉祀，據哪吒行宮人員表示，此尊三太子神像為大陸翠屏山出祖來臺第二尊，並有翠屏山哪吒行宮住持之證明文件為憑。當時大陸雕刻及雕工極差，返臺後蓮花三太子坐鎮發威，在信徒有感之下，請示重修金身，經整裝後神威更加顯赫。（陳宥霖口述採訪）

四、大陸四川大邑子龍廟趙府千歲鎮守合興宮

　　自大陸哪吒三太子行宮回來後，因本宮趙府千歲托夢於本宮創辦人趙從焚先生，趙府千歲的祖廟在三太子行宮另一個山頭的錦屏山，希望爐下眾信徒能前往，當時全臺灣宮廟無人去過大陸四川錦屏山趙雲廟，合興宮管理委員只能透過書籍資料做規劃，

並於民國 82 年由原本團員及管理委會組團再度前往大陸四川省，當時候交通不便，抵達四川後另租直升機到達大邑錦屏山，當時候一樣找不到確實位置，由趙府千歲降駕指引帶路，眾人才到達趙雲廟前。大陸當地官員十方驚訝，因為趙雲廟年久失修連香爐都沒有，簡陋不堪，我方說明來意，大陸當地官員便用臉盆替代香爐給我方插香，並熱情款待，同時奉請大陸四川趙子龍回臺發威，當時大邑子龍廟規模不大，神像只有鎮殿一尊，另一尊則是一尺六神尊，總共只有兩尊，當時在管理委員會虔誠感動之下，大邑子龍廟同意讓我廟恭請一尺六神尊回臺鎮守，是全臺唯一從四川大邑子龍廟來臺的子龍神尊，大陸四川大邑子龍廟趙子龍金身雕塑為當時趙子龍後期模樣，白鬍鬚，威武，左手拿青虹劍，現今供奉於合興宮大殿。（陳宥霖口述採訪）

五、交通方式與美食、景點介紹

交通方式：自行開車王田交流道下→沙田路直走往大肚市區方向→分叉入口過後看公路總局→於十字路口進入平和街→抵達合興宮。本宮備有第一停車、第二停車場，請多利用。

礦溪書院

立於光緒 12 年（西元 1886 年，歲次丙戌年）。本院屬二進、雙護龍、七開間、四垂拜亭格局。清朝時，專收大肚、龍井、烏日等地子弟，實施啟蒙教育（相當今之兒童雙語補習班）。殿內供奉掌管功名的文昌帝君，每接近基學測、二技、高普考，裡面擺滿考生准考證影本。

前身為清嘉慶年間仕紳趙順芳、楊占鰲所創立之西雝社，又稱文昌祠。於清光緒 14 年（西元 1888 年）興建「礦溪書院」，招收現今之大肚、龍井、烏日三區子弟，實行啟蒙教育。

大肚藍色公路

大肚區華南路，俗稱藍色公路，因夜晚沿途藍色路燈串連如藍色珍珠項鍊般而知名，全長 3.8 公里，位在遊園路往望高寮的叉路，原先是為改善華山路蜿蜒山路行車所帶來的危險與不便而興建，後因其浪漫的夜景，成為自行車族、攝影族、戀人流連忘返之熱門景點，亦成為大肚的一大特色。

鑑於知名景點卻無指示牌標示「藍色公路」，導致許多觀光客聞名前來卻找不到地方，因此大肚區公所於民國 108 年在民眾反映下著手設置指示牌，現已完工，想漫步於藍色公路幽藍燈光的遊客已可透過指示牌輕易找到景點。

大肚萬里長城

不到長城非好漢，快來登萬里長城步道吧！大肚區萬里長城登山步道，步道平整好走，適合親子同行，沿途多有涼亭與觀景平臺，不必擔心汗如雨下無處休息。全長 3.2 公里，制高點約海拔 300 公尺，走完全程約 2 小時，登上頂端涼亭可眺望大肚山全景，相當適合一家人或三五好友一起在綠意盎然的山林內享受芬多精的洗禮，高處欣賞夕陽更是美得不在話下。

大肚趙氏宗祠

大肚市區趙姓為大姓，在 300 多年前就已居住在當地，從祖譜看來，當時有趙姓三兄弟一起從大陸福建漳州來到臺灣大肚一帶開墾，大哥定居在今日的永和里，老二在磺溪里（磺溪書院），老三在大東里，因此，大肚市區世居趙姓人家頗多，而有「大肚趙一半」之稱。（其實陳、林姓最多，趙排第三。趙家三兄弟後代期望不同，大哥期望後代平平安安，老二希望後代重文風，老三則是盼人丁興旺。）

趙三公「公廳」的屋頂至今仍保留一座形狀像喇叭的「犁頭符」，轉述老一輩的說法：「祖先把『公廳』設在蜂穴上，希望能夠多子多孫，畫了張符咒避邪，避免他人作法壞了風水。」「犁頭符」就是將符咒塞進耕田用的犁具，因擔心符咒遭風吹日曬雨淋毀損，特地以陶土捏製一個像喇叭形狀的器具作為遮蔽，這個符應該已有 250 多年歷史。

阿嬤古早味

在地美食口感、獨特的口味。

地址：臺中市大肚區文昌路 1 段 35 號

臺中大肚藍的有料廚房，藍色公路上的大肚夜景美食

去大肚山甜點的微微甜手作甜點坊路上，發現藍得有料的扛棒「遊園路 1 段」，往臺中區監理所前一個路口右轉斜坡下去藍色公路，一下去很快就可以看到在左手邊的招牌，可以遠眺夜景跟大肚藍色公路，離夜景雖然有一點點距離，不過這天吃的義大利麵還不錯，也很適合朋友或家庭聚餐，期待之後另一個品牌布魯諾咖啡（BLUE ROUTE）的開幕，這邊車速頗快，路邊不好暫時停車，要轉上去斜坡請多加注意兩邊來車喔！

地址：臺中市大肚區華南路 51 號

電話：（04）2691-8766

營業時間：星期一～星期五 16：00-22：00，

星期六、日 11：00-22：00

大肚清水筒仔米糕

深耕在地多年，已經是在地老饕們的口袋名單。

地址：臺中市大肚區沙田路 2 段 760 號

電話：（04）2699-3510

品香肉包

受到大客車司機的喜愛，常常大排長龍。

地址：臺中市大肚區沙田路1段813號

資料來源：大肚合興宮管理委員會、大肚區公所。

▲合興宮空照圖

▲1996年合興宮第三次參訪大邑子龍祠

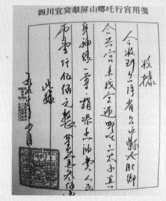

▲合興宮蓮花三太子第二
尊出祖來臺證明

証 明

事由1993年5月6日，臺灣大肚合興宮觀光團一行
來到大邑縣靜惠山公園子龍祠參觀並進行祭拜活動。
當時我時任大邑縣委統戰部長，帶領我部副部長黃
春香、秘書陳躍川等人進行聯合官方接待、交流活
動並參觀。我本人贈送《漢趙子龍祠藝文》一書給對
方觀光團。共上有我本人簽名，時間為1993年5月6日。當
時公園子龍祠有兩尊趙雲神像，一大一小。合興宮觀
光團當天希望公園子龍祠能送一尊趙雲小神像給他們，
隨后捐贈500元人民幣作為回報。靜惠山公園相關
領導受感念觀光團信仰子龍精神之虔誠，在請示
經過我統戰部同意之下，把小尊趙雲型像贈送給
了合興宮觀光團。由于當時時間倉促，公園管理處沒來
開具贈送文書和憑条。特証明以上述事致屬實。請
貴單位靜惠山公園管理處提供開具贈送趙雲神像之事
和憑条，並具証明并蓋章（文書格式台灣合興宮提供，
貴單位只需蓋章），以促進兩岸子龍文化交流，共同傳
承發揚中華優秀文明。

謝謝！

　　　　　　　　時任中共大邑縣委統戰部
　　　　　　　　部長 周元松
　　　　　　　公元2020年5月14日
　　　　　　　18140037782

▲時任四川官員周元松先生親筆趙府千歲證明來臺第一尊
（趙子龍）

▲合興宮四川大邑趙子龍像　▲原本連花三太子樣貌　　▲大陸四川哪吒洞蓮花三太子

▲合興宮大殿

臺中市清水開基南清宮

主祀神明

千手關聖帝君：聖誕日期農曆五月初二日

配祀神明

趙聖帝君：聖誕日期農曆二月十六日

天上聖母：聖誕日期農曆三月二十三日

莫府千歲：聖誕日期農曆六月十二日

齊天大聖：聖誕日期農曆十月十二日

等列位神尊

地址：臺中市清水區中華路 643 號

一、創建沿革

　　南清宮發跡過程需從主持人朱燦詮臺南家鄉說起，主持人平常下節目之餘，唯一興趣就是喜歡開車四處拜拜，時常在節目當中分享各處廟宇的故事與事蹟，甚至常在節目當中發起做愛心活動，經常服務大眾社會做公益。直到一天，家中供奉的天上聖母顯靈，託夢主持人朱燦詮，驚夢一醒看見「開基南清宮」字樣，心臟加速告訴自己似乎有蹊蹺，信神明的他便向家中聖母請示，果然聖杯連連立宮發威，機緣一到前去「臺南開基玉皇宮」請示，果然也聖杯連連，便擇日向玉皇大帝領旨建宮。

　　南清宮趙聖帝君隨即從「臺南佳里子龍廟永昌宮」分靈而來。趙聖帝君為武神，又稱常勝將軍、漢順平侯，可以說是忠義之神，邀請前來坐鎮，一同濟世萬民。

　　自此後一帆風順，隨公司業務擴增遷到臺中，在因緣際會下，與一集合「儒道釋」於一身之特殊形象關公結緣。再逢「雲林四

湖保長湖」聖示：此尊為全臺灣唯一「千手關聖帝君」，便於保長湖開光啟靈，奉為南清宮開基主神。

民國 109 年（西元 2020）年為方便信徒前來參拜祭祀，南清宮從北屯遷至清水現址，入火安座弘揚濟世，奉帝君聖示指派新任宮主為孫小喬，信徒代表朱燦詮一同為大眾服務、行善社會（主持人朱璨詮口，述陳宥霖採訪）。

二、交通方式與美食、景點介紹

交通方式：自行開車經國道三號龍井下交流道→往清水中華路。

高美濕地遊客服務中心

濕地不僅是中部生態保育天堂，近年也成為觀光旅遊的熱門景點，更是臺中市政府「海線雙星」濱海區域亮點計劃的重點之一。

為避免大量人、車潮破壞當地景觀及生態，臺中市政府建設局耗時兩年多建置「高美濕地遊客服務中心」。占地約 8.4 公頃，除了遊客服務中心本身外，也闢建公 68、公 69 兩座共可容納 27 輛大客車、568 輛小客車與 205 輛機車的停車場。

遊客服務中心本體是兩層樓建物，採斜坡造型，外觀呈螺旋狀，宛若海浪從平地而起。二樓設有觀景平臺，可在此觀賞高美夕陽及風車，也適合夜晚觀星；戶外廣場則有招潮蟹和貝殼造型的裝置藝術與戶外生態池，供遊客拍照與就近觀察濕地生態。

除了提供旅遊資訊、導覽服務外，另規劃「生態體驗館」供遊客獲得更完整深刻的濕地與生態知識。此外，遊客服務中心還設有餐飲區、文創商品區，不定期辦理音樂會、生態講座等各式活動，藉由多元化、複合式的模式，提供遊客在旅遊與休憩上更舒適便利的服務。

臺中市清水開基南清宮

阿財米糕店～在地人最愛的米糕店

米糕、乾麵、貢丸湯受到大眾歡迎與老饕的喜愛。

地址：臺中市清水區西寧路 105 號

電話：（04）2622-9853

營業時間：10：00-18：00

休息日：每週日、一公休

▲南清宮趙聖帝君

▲南清宮列為尊神

▲南清宮千手關聖帝君

彰化縣秀水鄉保興堂

保興堂歷史將近 500 年，當初趙氏先祖由大陸移至臺灣時，請來主祀池府千歲、配祀趙府元帥於家裡安奉。如此代代相傳，歷史悠久，現今已傳至第六代。

神明介紹
池府千歲：聖誕日期六月十八日

趙府元帥：聖誕日期三月十五日

一、歷史探源

以前從大陸過來的人，都是舉家移民，兄弟姐妹、親戚朋友相約過來，移民的同時，都會請一尊神明跟大家到新家，沿路上保佑大家平安，所以趙氏先祖來臺灣開墾拓荒時，亦恭請池王爺與趙元帥一起來到臺灣彰化秀水鄉金興村趙厝定居下來，因為聚落裡多為趙姓，因此以姓為名，此聚落便稱作趙厝。

二、神蹟傳說

在以前農業社會，因醫藥不發達，如有什麼病痛、不順心的事情，都會請池王爺保佑撥轉。當時有一位小孩子，生病一直不好，鼻子也冒出黑氣來，他的家人很擔心，不知如何是好，就趕快請王爺慈悲開草藥，吃了才好起來。

另外一個人因拔牙齒，導致血時止時流，就經人介紹別的神明到他家裡幫忙看病，喝了那神明所開的草藥，結果反而更嚴重，整個臉頰都腫起來無法消腫，必須住院治療，但病情也沒改善（當時住院須繳保證金、醫藥費很貴）。他的家人得知有人在請示王爺時，他也趕快幫他請示王爺，結果只喝一帖草藥就痊癒出院了，

他們為了要答謝王爺的慈悲幫助，就打金牌感謝祂，信徒也在每年聖誕時請布袋戲酬神。

彰化縣秀水鄉保興堂

彰化縣和美鎮集聖宮

創建年代：日治時代

主祀神明

蘇府王爺：聖誕日期農曆四月十二日

池府千歲：聖誕日期農曆六月十八日

趙府元帥：聖誕日期農曆八月十六日

配祀神明

清水祖師：聖誕日期農曆正月初六日

福德正神：聖誕日期農曆二月初二日

關聖帝君：聖誕日期農曆六月二十四日

玄天上帝：聖誕日期農曆三月初三日

太子元帥：聖誕日期農曆九月初九日

林府王爺：聖誕日期農曆五月初六日

觀音佛祖：聖誕日期農曆二月十九日

收神兵：日期農曆十月十六日

地址：彰化縣和美鎮和頭路 538 號

電話：（047）556-656

一、歷史探源

　　和美集聖宮草創初期，蒙地方人士勞心勞力，無私奉獻，至現任主委張呈瑞先生接任後，擴大組織積極參與，並蒐集過去宮廟事蹟，用心經營，成為在地人的信仰中心。

據傳本里日據時代即有奉祀蘇府王爺、池府王爺、趙府元帥（趙子龍）三尊神尊，當時規模為壇而尚未設宮。另有一傳說：集聖宮現任宮主陳樹木先生的祖父曾經談起，某天早上約 3-4 點出門巡田水，當時天空正下著濛濛細雨，驚見遠方有一團紅色火球滾滾而來。於是舉手向火球招來一看究竟，只見一面色通紅，臉上無鬍鬚之神像，當時也不知是何方神明，隨後又急速往本庄陳水發（方名）圳伯的屋頂落下（當時圳伯早已是趙元帥的乩童），這才意會到是趙元帥顯靈。後因乩童年歲關係及社會環境變遷，壇務曾有一段空窗期，直至民國 93 年 8 月，地方熱心壇務人士發起，當時主委張　先生積極奔走，並依古禮再度觀乩，同時改壇設宮，命名為集聖宮，延續神威造福地方。

二、交通方式與美食、景點介紹

交通方式：1. 自行開車和美交流道→彰新路→培英國小→和頭路。2. 自行開車和美交流道→線東路→彰美路→和頭路。

隆發堂吳氏洋樓

頭前寮吳氏洋樓為北彰化典型的巴洛克紅磚洋樓，所有配置與設計，均展現日治中期人民從中式三合院轉化到西式洋樓的生活歷程。

地址：彰化縣和美鎮和頭路 531 巷

資料來源：和美集聖宮管理委員會。

▲和美集聖宮入口圖

▲和美集聖宮一樓聖殿

▲和美集聖宮趙府元帥

▲和美集聖宮眾神

彰化縣鹿港鎮武雲宮

主祀神明

趙府元帥：聖誕日期農曆三月二十七日

一、歷史探源

鹿港武雲宮供奉主神趙府元帥，民國前 36 年（西元 1876 年）歲次丙子年，先祖趙河先生定居鹿港，夜夢中趙府元帥顯靈夢境中言「趙武是真龍傳脈，府雲正氣凜宗靈；元宮一志度善緣，帥歲降幅保安寧」等詩句流傳趙家子孫。

武雲宮為家傳祖廟，經歷五代，於自家設立廟壇，其鎮殿神尊威武輝耀，身長五尺八，不輸大廟的神尊。

翌日夜中顯靈現身給趙河先生，以趙府元帥坐姿、預備拔劍姿態造金身，安奉於前鹿港北頭（現今東石里）趙氏家族公廳內。由於香火鼎旺神靈昭顯，民國前 21 年（西元 1891 年）趙丁先生陸續以紙糊塑造「趙公明」、「玄壇真君」、「五府朱王爺」等十多尊紙糊神像，供奉趙氏大廳，當時以「代天府」為宮名。

民國 7 年（西元 1918 年），趙府元帥聖誕慶典當日，信眾點香不慎引燃大火，所有神尊都被大火燒掉，翌日信眾找到唯一留下的趙府元帥金印，於是協議再造金身。當時由趙錫銘先生發動募捐，翌年趙府元帥金身及關聖帝君、劉備、張飛、孔明等陸續製作完成。後續香火越發越旺，趙澤武陸續製作五府朱王爺神像、趙公明、玄壇真君、宋太祖趙匡胤、五年趙千歲等上百尊神像。

▲彰化縣鹿港武雲宮

　　民國73年歲次甲子年，趙澤武先生經趙府元帥指示改原「代天府」為「武雲宮」。由於現今武雲宮神尊眾多，空間不敷使用，民國79年（西元2008年），經眾人決議，由趙茂森先生及趙茂舜先生負責籌備購置土地，建造趙府元帥廟等事宜。

　　交通方式：自行開車彰化交流道下→彰鹿路→中正路→民權路。

雲林斗六市管士厝天龍宮

創建年代：民國 37 年

主祀神明

趙聖定遠帝君：聖誕日期農曆二月二十六日

配祀神明

關聖帝君：聖誕日期農曆六月二十四日

孚佑帝君：聖誕日期農曆四月十四日

豁落靈官王天君：聖誕日期農曆六月十六日

南天狄天君：聖誕日期農曆十二月二十七日

金吒、木吒、哪吒三位太子元帥及眾神尊

地址：雲林縣斗六市久安里永興路 82 號

電話：（05）522-2536

一、創立沿革

　　天龍宮淵於道光年代，100 餘年前三位太子元帥（金吒、木吒、哪吒）相繼降靈於此地管士厝，當時地方有志人士發起籌募緣金建立小廟奉祀。迨至臺灣光復神道復興，三位太子元帥顯靈，於民國 39 年間由地方善信相議，暫借當時爐主楊金桔家宅設壇濟世，從此香煙更盛，往來求問者絡繹不絕。至於同年 8 月 14 日將神壇移至楊押形家中創設鸞堂，指派鸞生服務並由開基太子元帥聘請南天趙天君等五位聖尊蒞任為五聖恩主神職。

　　趙天君蒞任主席恩主，負濟世匡衡之術，訂立宮規，制定每月農曆初一、初四、初七日為科期，秉聘上下高真降駕闡教，揮鸞著造《茫海金篇》代天宣化，賜堂號曰「天龍堂」。膜拜之香

雲林斗六市管士厝天龍宮

客劇增，致場所不敷容納，眾善信集議覓地興建廟堂，首由林文道、楊火銅、楊旭照、廖慶雲、黃慶堂、簡秋月、楊押形、楊便等人倡起，再配合地方人士六十餘人合作之下，於民國 45 年正月選擇現在宮址，耗資三萬餘元，旋至同年 10 月 26 日入火安座，主祀五聖恩主。

二、廟宇建築

天龍宮後殿建竣後鑑於缺乏香客休息場所，繼由堂主林文道、副堂主簡秋月、林火堯、高火樹、蔡攀桂等人倡議集金 13 萬元興建前殿，於民國 48 年 10 月 5 日告竣。一座美麗華堂，奉旨賜名「天龍宮」為堂號。嗣因後殿年久不堪使用遂提眾議修建，自民國 60 年 10 月興工至 61 年春告竣。嗣因前殿不幸於民國 76 年 8 月 10 日夜間因電線走火發生火災，因為公共安全決定關閉，將神像移至新建宣講廳奉祀，大火中所有神像皆奇蹟未被波及。

民國 79 年 5 月 13 日委員會召開第四屆第二次信徒大會，提議新建凌霄寶殿，議決拆除舊有拜亭及前後殿，一起合併興建。拆除工作定於同年 5 月 23 日執行，擇於同年 10 月 18 日開工興建。新宮規劃二樓式之北式宮殿，工程歷經二年餘，耗資共達新臺幣 2000 萬元。宮殿一樓奉祀五聖恩主暨諸神聖，左邊奉祀城隍尊神、右邊奉祀福德正神。三樓奉祀玉皇上帝，左邊奉祀濟公禪師、右邊奉祀神農聖帝、左廂奉祀文昌帝君、右廂奉祀太歲星君。新宮寶殿硬體於民國 81 年 12 月 6 日工程完竣，宮貌已成，擇於壬申年農曆 11 月 13 日卯時入火安座，並預定於民國 83 年舉行落成大典，永鎮管士厝地方。

本宮興建凌霄寶殿及恩主殿後，神威顯赫，信眾日增，鑑於擴大宣導需要及增進廟貌美觀完整、禮佛莊嚴，有增建前殿之議，該項提議先後經本宮第五屆第十二次委員會議及第五屆第三次信徒大會通過。經擇定在民國 88 年 4 月 20 日舉行奠基儀式。而本

項工程在主任委員林火堯、宮主林英俊及全體宮生等人全力奔走策畫下，經委斗六市莊貴森建築師設計並採南式形體，而廟宇藍圖又經請臺南市洪資証先生義務修正後定案，始有如今巍峨雄壯、繡麗堂皇之宮貌。

三、廟宇活動

天龍宮除傳播神旨、造書勸化外，仍以服務人群為主。主要活動大致可分為五種。

（一）宗教活動：祈安植福禮斗法會、農曆7月普施及度亡靈、消災法會、神尊聖誕祭典。

（二）親道聯誼：每逢友宮主神佛聖誕辰組團前往慶讚，與國內各地廟寺建立深厚的情誼。

（三）文宣出版：該宮自開堂以來注重文宣工作，承蒙上天諸高真降宮協助著造善書《茫海金篇》、《道正燈明》共七冊問世，分送各地。

（四）急難救助：年年冬令救濟斗六市內一、二款貧戶、仁愛之家、特定急難救助。

（五）施方濟世：每月農曆初一、初四、初七為科期，為善信解惑解迷津。

四、交通方式與美食、景點介紹

交通方式：1.自行開車國道一號斗南交流道下→往斗六方向→雲林路。2.自行開車國道三號→78號東西向快速道路→古坑交流道下→往斗六方向。

九老爺養生包子饅頭

地址：雲林縣斗六市久安路 197-3 號

電話：（05）522-1822

烹小鮮—推薦燒餅 中式料理 美食餐廳 特色料理 巷弄美食必吃餐廳

隱身在雲林科技大學學區裡的烹小鮮，在住宅和商家林立中獨樹一幟，是一間很有溫度的中式餐館，不得不說烹小鮮吃巧又吃飽，主食小菜吃完真的飽足又滿足，看似家常的料理實則融入新意。過貓是在地小農栽種的，淋上芝麻沙拉醬，夠好吃的了，再撒上咖啡粉讓味道更豐富，爽口必吃的小菜！

地址：雲林縣斗六市八德路 88 號

電話：0932-738300

雲林縣文化中心

地址：雲林縣斗六市大學路 3 段 310 號

電話：（05）552-3130

古坑綠色隧道

坐落於 78 號快速道路斗六交流道旁，往梅山方向，環境優雅，是假日親子出遊的好去處。

資料來源：雲林斗六管士厝天龍宮管理委員會。

▲雲林斗六管士厝天龍宮風貌

▲雲林斗六管士厝天龍宮趙聖 ▲雲林斗六管士厝天龍宮眾神
定遠帝君

雲林虎尾埒內拱雲宮
（趙府元帥）

創建年代：民國 24 年

主祀神明

趙府元帥：聖誕日期農曆三月二十七日

配祀神明

關聖帝君：聖誕日期農曆五月十三日

中壇元帥：聖誕日期農曆九月初九日

天上聖母：聖誕日期農曆三月二十三日

註生娘娘：聖誕日期農曆三月二十日

福德正神：聖誕日期農曆八月十五日

觀音佛祖：聖誕日期農曆二月十九日

文昌帝君：聖誕日期農曆二月初三日

中路財神：聖誕日期農曆三月十五日

神木將軍：聖誕日期農曆六月二十八日

謝平安：聖誕日期農曆十月十五日

斗姥神君：聖誕日期農曆十一月初八日

地址：雲林縣虎尾鎮埒內里 174 號

電話：（05）622-0327

一、創立沿革

拱雲宮既含趙雲本名，又有拱護雲林之意。早期它的正殿係採用南式的傳統建築，兩側則是民式廂房。廟前廣場，作為祭典做戲、集會休憩等多種用途，武館練技、江湖郎中賣藥、兒童嬉

戲遊玩，也多利用這個場地。右側植有鳳凰木，夏至的鳳凰木，花葉扶疏，更是村民夏天乘涼的好地方。

據說約 200 年前，庄內鄭姓鹽販，自布袋迎回趙府元帥「趙子龍」的神像供奉於自宅，此後經常顯靈，救人無數。於民國 24 年地方仕紳籌資建廟，取名拱雲宮，並訂建廟入火安座日農曆 3 月 27 日為趙府元帥聖誕。

日據時代因推行「皇民化運動」，大肆破壞道教廟宇，幸經王老色先生極力奔走，才能倖免於難。現今面貌乃於民國 79 年重新建築，期間遇到籌措經費的問題，說來神奇，原本信徒大會通過授權管理委員會向銀行借貸 300 萬元，但不出幾天，捐款源源而來，最後終於完成了這間美侖美奐的信仰中心。

民國 80 年農曆 3 月 26 日特往北港朝天宮，迎請天上聖母副駕永祀本宮。第八屆管理委員會體認時代所趨，太歲為百神統帥，代表天帝視事，於是造訪許多宮廟設施，遂完成拱雲宮太歲殿，讓信眾貼近太歲星君，人神融合、陰陽共存，並於民國 97 年農曆 11 月 8 日開光安座。

拱雲宮組織型態特殊，委員會產生係按信徒王姓四宗系及他姓群共五角頭，各自推選菁英參與廟務，主任委員、副主任委員由各角頭委員中推派一名參加擲筊，由神明決定，展現垾內人上一代祖先的智慧及和諧氣氛，創造垾內大團結。

二、廟宇建築

日據時期為推行皇民化政策，大肆破壞廟宇，焚毀神像。此後，歲月風霜，廟身漸有損毀，曾兩度雇工整修正殿，並相繼增建拜亭、牌樓、圍牆、金亭等。後來眾議認為廟地太過侷促，於民國 72 年由信徒成立後援會，募款購買後殿用地 80 餘坪。民國 73 年，經管理委員會決議，正殿再次粉刷雕繪。

拱雲宮全部工程於民國 79 年 9 月底完工，歷時 4 年 8 個月，總工程費約新臺幣 4270 餘萬元。所需經費皆由遠近信徒自由樂捐，未採里民分攤方式，著實難得。指定認捐部分，如金爐、神房、龍柱、鐘鼓樓、神桌、石雕、壁畫、詩聯等均鐫刻芳名於上，其餘則以大理石碑列序芳名金額，以誌功德。各項工程多採議價發包，精選名師巨匠，以求藝高質良。籌建期間，全體委員監事同仁苦心擘畫，排除阻礙，化解蜚語，以忍辱負重，無私無我的精神，戮力完成使命，實在功不可沒。

三、美食介紹

虎尾在地美食：虎尾魷魚羹（肉羹飯）、兩撇爌肉飯、廣銘早點（蛋餅）、御鼎鍋燒意麵、三味果汁、虎尾神農古早茶、虎尾糖廠吃冰、阿世肉羹。

四、旅遊景點介紹

旅遊路線：「雲林布袋戲館」、「雲林故事館」，目前由誠品在經營的「虎尾合同廳舍」，雲林記憶 cool 沿「虎尾鐵支線道」走到日式建築的「虎尾驛」，旁邊又有「虎尾鐵橋」、「虎尾糖廠」，再走回到故事館途中的另一條路有「福民老街」、「虎尾厝沙龍」，再開車前往頂溪社區「屋頂上的貓」看立體彩繪，再往日治時期最大的眷村「虎尾建國眷村」、高鐵農博園區。

在地觀光產業：興隆毛巾觀光工廠、奶奶的熊、好家庭毛巾、金鵬巾緻親子館。

雲林布袋戲館介紹

日治時期郡役所是主要的管轄機關，等同於現在的縣市政府，而虎尾郡役所便是當時的最高機構，同時管理行政與治安項目。虎尾郡役所興建於大正 11 年（西元 1922 年），內有辦公室、集

會所與拘留室等，建築設計偏英國維多利亞時期風格，可見紅磚與木材結構元素。2007年雲林縣政府辦理國際偶戲節，重新將虎尾郡役所再利用為布袋戲主題館舍，藉以推廣布袋戲文化。

雲林故事館（虎尾郡守官邸）

雲林故事館係興建於日治時期大正9年（西元1920年）至12年（西元1923年）之官邸建築，原作為虎尾郡郡守居住之用，目前已列為歷史建築。現今改為雲林故事館，作為地方說故事場所，除了培訓地方故事志工，巡迴為民眾講述地方故事，也典藏本土文學作家的文學作品。近年來，雲林故事館還帶著雲林作家們創作的繪本去雲林各地走讀說故事，讓大家更認識雲林人文風情。

雲林記憶 cool（虎尾登記所介紹）

原為虎尾登記所，設立於日治時期大正10年（西元1921年），是當時臨時土地調查局，主要辦理地方不動產登記業務。隨著虎尾工商經濟發展，原本辦公處不敷使用，遂於西元1930年搬遷擴建於今址。現在作為雲林記憶Cool，記錄與展示雲林的專屬記憶。

虎尾建國眷村介紹

雲林縣虎尾鎮有一處具有獨特文化且詩意盎然的「建國眷村」，該村環境清新幽靜、林蔭蒼鬱，仿若置身森林公園般，此外擁有日據時代馬廄改成之眷舍及附近炮彈射擊過的歷史痕跡，並歷經了無數個世代的生活足跡。「建國眷村」緣起於日軍在西元1938年第二次世界大戰期間，虎尾被選為空軍航空隊的軍事基地，西元1943年日軍因戰事告急，遂以「建國眷村」作為作戰基地且訓練神風特攻敢死隊，後來日本戰敗後，國民政府遷至臺灣，便以此地作為軍事要塞。

雲林虎尾埒內拱雲宮（趙府元帥）

誠品書店、星巴客咖啡（虎尾合同廳舍）介紹

　　合同廳舍原為虎尾郡役所直屬派出所及消防組聯合辦公室，中央高塔頂部設有瞭望臺，曾是虎尾鎮最高的建築地標，目前已登錄為歷史建築。隨著具都會指標的誠品書局與星巴克進駐，讓富有歷史意義的古蹟擁有嶄新面貌，成為虎尾的著名景點，並與對面的「雲林故事館」及「雲林布袋戲館」構成適合輕旅行的黃金三角。

　　資料來源：1.虎尾鎮公所。2.雲林埒內拱雲宮管理委員會。

▲拱雲宮風貌

▲拱雲宮拱雲宮開基趙府元帥

▲拱雲宮立杯顯神蹟

▲拱雲宮大殿神尊

雲林虎尾埒內拱雲宮（趙府元帥）

雲林縣莿桐鄉雲天宮

創建年代：民國 65 年

主祀神明

趙府元帥：聖誕日期農曆三月二十七日

配祀神明

福德正神：聖誕日期農曆二月初二日

中壇元帥：聖誕日期農曆九月初九日

地址：雲林縣莿桐鄉興桐村新莊 57 號

電話：（05）584-4593

一、創立沿革

　　雲天宮位於雲林縣莿桐鄉，民風純樸、鄉里和樂是這裡的寫照，村民們皆以雲天宮為信仰中心，生活於四周。

　　雲林縣莿桐鄉興桐村一帶，歷代祀奉河北省常山真定趙府元帥，名雲，字子龍，官拜翊軍將軍，諡號順平侯。神威顯赫、香火鼎盛。唯一不足之地，就是缺少廟宇祀奉趙府元帥，因此，神像及香爐均每年由子龍公會爐主輪流奉祀。

　　於民國 65 年，眾弟子為宏揚趙府元帥，忠肝義膽及匡扶漢室之精神，遂由子龍公會眾議建廟酬恩，隨即由眾弟子自動捐獻興建經費，興建委員亦繆力同心共襄盛舉，眾擎易舉、眾志成城。自民國 65 年 6 月 18 日動工，僅經 2 年又 3 月，神佑人助，以雲天宮為名，趙府元帥之盡瘁漢室、義薄雲天，其莊嚴肅穆、永垂史乘、巍峨廟宇。民國 67 年 11 月 8 日落成，趙府元帥赫不可盡，村莊內無人不知，本宮落成香火，德庇不絕，賢良孝廉子弟輩出，

趙府元帥形成村莊居民的信仰中心。

二、雲天宮修繕

　　由於年歷久遠，風雨飄刮，瓦片剪黏太多損壞，正殿屋頂也漏水嚴重，基於維護村民重要的信仰中心及文化保存的重要性，管理委員會遂於戊戌年菊月動工，在趙子龍公庇佑之下，很順利的於己亥年 10 月 19 日完成修繕安座大典。

三、趙府元帥子龍公由來

　　民國 5 年（西元 1916 年）庄內的人和埒內的人到布袋鎮，當時是日據戰爭期，他倆來到布袋港邊，當時當地人躲空襲，在一船中看見子龍公金身和香爐，於是將祂們取走，回到雲林，經過協議，埒內人分得子龍公金身，新莊人分得金爐。金爐初到新莊每年由庄中 16 人輪流擲筊，得爐主者，帶回家中祀奉。

四、神蹟傳說

（一）白袍將軍顯靈

　　據傳日據時期因村莊內有養馬戶，日軍誤認為大批軍隊，於是發動軍火朝村莊發射，有一人見身穿白袍騎白馬的將軍，揮動其利器，將彈藥擋住，村莊居民因而獲救無事，有人推斷此將軍為趙府元帥。

（二）子龍公化身鷩鴣

　　子龍公平時化身鷩鴣（來葉），會在新莊巡庄頭。第二次世界大戰時（西元 1939 年～西元 1945 年）美軍為了轟炸在臺的日軍，投擲了兩顆炸彈至本社區，所在位置恰巧是我們的防空洞旁的稻草堆，所幸兩顆炸彈並未引爆，傳說當時有許多村民看見子龍公

伸手接住炸彈，保佑了村民的平安。這件事蹟加深了子龍公在村民心中的地位。

村民感念子龍公的神威庇佑，發超尋地建廟。遂於丙辰年（西元1976年6月18日於雲天宮現址動土建廟，並於戊午年（西元1978年）年11月8日落成。

五、相關活動

雲天宮於民國98年成立轎班會，廟裡大小事無論是進香、神明祭典等各項活動，皆由轎班會擔當。雲天宮也不斷推行公益活動，除贊助國小獎學金與獎品外，每年皆會準備紅包贈予老年會，熱心公益，不遺餘力。

六、交通方式與美食、景點介紹

交通方式：1.大眾交通臺西客運：斗六出發往西螺（經埤源到新莊下）。2.自行開車西螺交流道下→縱貫公路（臺一線）→莿桐。

佳家糕餅店
地址：雲林縣莿桐鄉中正路162號
電話：（05）584-5663

莿桐菜市場水銀米糕
地址：莿桐菜市場
行動電話：0952-925511

▲雲天宮風貌

埤頭繪本公園

地址：雲林縣西螺鎮埤頭 77 號

高香珍餅舖本店

地址：雲林縣莿桐鄉中山路 130 號

電話：（05）584-2017

資料來源：雲林縣莿桐鄉雲天宮。

▲雲天宮鎮殿趙府元帥

▲雲天宮早期金爐

▲雲天宮大殿

雲林縣莿桐鄉忠雲宮

主祀神明

趙府元帥：聖誕日期農曆三月二十七日

宮慶日期：農曆三月二十六日

地址：雲林縣莿桐鄉興桐村新莊 2-10 號

電話：（05）584-6205

一、創建沿革

在未建宮前，每當夜晚趙子龍元帥都會顯靈示現給宮主要立宮濟世度化眾生，自此宮主有感趙府元帥慈悲便自雕趙府元帥金身在家中奉侍，等到機緣成熟，趙府元帥指示前往雲林垺內拱雲宮開光宮廟所需要的物品、五寶、令旗，迎回現今宮址忠雲宮，開宮以來香火鼎盛、問事請示信眾綿延不絕。（陳宥霖口述採訪）

二、忠雲宮雲林花迷爭相朝聖的地標

石斛蘭花瀑布帶起追花熱潮，今年不只有嘉義、南投可感染粉紅魅力，雲林莿桐鄉「忠雲宮」擺放兩千盆大爆開的石斛瀑布蘭，瞬間躍升網友口中全臺最美最壯觀的花牆景點！

廟方將栽種的文心蘭、石斛瀑布蘭等四種蘭花，整齊排列擺放於牆面上，形成大規模的粉色漸層花牆，一串串粉嫩花穗如瀑布般垂降而下，無論是拍照的夢幻效果或是花朵數量都勝於其他的石斛蘭景點，周邊還有純白、淡粉交織的花串也能一起拍！

交通方式：自行開車自西螺交流道下→臺一線→莿桐→雲天宮牌樓右轉。

▲雲林縣莿桐鄉忠雲宮風貌

▲雲林縣莿桐鄉忠雲宮趙府元帥

▲雲林縣莿桐鄉忠雲宮廟景與廟口　▲雲林縣莿桐鄉忠雲宮蘭花瀑布

嘉義縣布袋鎮嘉應廟

主祀神明

九龍三公：聖誕日期農曆五月初四日

配祀神明

趙府元帥（趙子龍）：聖誕日期農曆三月二十七日

大舍爺、二舍爺

左、右烏官爺神像

地址：嘉義縣布袋鎮九龍里 2 鄰入船路 32 號

電話：（05）347-6225、（05）347-6226

一、創廟沿革

中國泉州府晉江縣東石鎮仙跡境三公宮，被焚時所搶救之九龍三公、趙府元帥（趙子龍）、大舍爺、二舍爺、左、右烏官爺神像隨族人渡海來臺。一路賴神庇祐，平安來臺後，落腳於先民所稱烏來洗港（亦稱岱江嶼布袋嘴）今之布袋港。

村民以捕魚為生，並依家鄉習俗建造嘉應廟奉祀九龍三公為境主，每年農曆 5 月 4 日焚香祭拜，恭祝九龍三公聖誕，同時隔海遙祭祖先永久不替，於今猶然。晉江縣東石鎮嘉應廟經歷六百多春秋，布袋嘉應廟亦已 300 多載，由此一脈相承，數典不忘其祖，繁衍生息不忘其俗。

同治元年（西元 1862 年）諸羅山造反，穆宗皇帝下旨，命欽差吳撥帶聖旨過臺，封蔡沙為鎮海大將軍，征掃諸羅山之亂。吳欽差路過本廟，入廟參拜三公，三公看欽差官帶聖旨，急下寶座，現身見駕，欽差吳撥立刻開口，說聲「臣在、臣在」，三公及時謝恩。三公受爵封以來，至此香煙更盛，大顯神威、遠近馳名，

而受萬民信仰，祈求靈籤指示迷津無不應驗。

　　本廟自創立迄今已有 340 多年之久。廟庭寬廣有兩大石雕巨獅坐鎮，廟前康樂臺、社區活動中心，並新建大型金爐古色古香，壯麗美觀，計劃近期內整建社區公園及地方文物展覽館，以迎接政府將布袋港建設為觀光休閒遊樂區之未來，願我鄉親善信拭目待之。

二、廟宇慶典活動

　　布袋嘉應廟每逢祈安建醮時，舉行「燒王船」祭儀，酬神祈安的祭典相當隆重，往往吸引遊客前往觀光。到布袋嘉應廟進香，還可以到廟前不遠的小巷裡探訪「日本貞愛親王殿下登陸臺灣紀念碑」。

三、神尊補充說明

趙府元帥（趙子龍）
為布袋鎮嘉應廟武陣供奉的神明，可以說是九龍三公的先鋒。

大、二舍爺
原東石鎮西尾莊媽祖宮天上聖母駕前護衛，因曾於東石鎮嘉應廟前海灘顯聖玩耍故分香至嘉應廟中，成為九龍三公護衛。

左、右烏官爺
道光年間東石嘉應廟前往三公成道地朝聖，於迷途時出現指引之領路犬。

四、交通方式與美食、景點介紹

　　交通方式：1.北上：自行開車走國道 1 號→下水上交流道左

轉→ 82 東西向快速公路東石嘉義線→ 167 縣道左轉→ 163 縣道右轉→ 170 縣道右轉→ 161 縣道左轉→ 172 縣道右轉走到底前一個巷子左轉左手邊即是。2. 南下：自行開車走國道 3 號→下水上系統交流道左轉→ 82 東西向快速公路東石嘉義線→ 167 縣道左轉→ 163 縣道右轉→ 170 縣道右轉→ 161 縣道左轉→ 172 縣道右轉走到底前一個巷子左轉左手邊即是。

海景三港—新布袋

　　海景、三港、新布袋為布袋建設之三願景。布袋地區為嘉義縣海線觀光的重要據點，布袋港區正代表嘉義縣的海港意象。

　　布新橋周邊交通便捷，重大交通建設陸續施工完成與啟用，包括：臺 61 線西快速道路復工、海港大道興建完成、布袋商港擴大開發建設、遊艇港及第三漁港亦將陸續開港啟用。而位於布袋鎮樞紐地位的布新橋，更在未來布袋觀光發展上占有舉足輕重之關鍵地位，故選擇布新橋作為景觀地標設立之地點，就像是在布袋觀光地圖上畫龍點睛一般，活化布袋的特色，吸引觀光客前來，並以「大船入港」之意象，象徵未來布袋繁榮發展之概念，輔以夜間燈光，發展夜間觀光，使遊客在白天或夜晚均可以感受屬於布袋獨特的意象。

布袋海濱公園

　　「布袋海濱公園」鄰近布袋魚港及布袋鹽山旁，入口處以裝置藝術「大船入港」象徵著未來布袋鎮將朝著休閒漁業及觀光發展，規劃提供住宿、水上運動遊憩、海濱公園遊憩、休閒產業、自然生態保育及海埔新生地等六項活動。

布袋鹽山

　　「布袋鹽場」為代表布袋歷史風光的一處鹽田，嘉義布袋擁

有得天獨厚的地理條件，曬鹽歷史悠久，境內曾經堆積如山的鹽田景觀，更與布袋小鎮畫上了等號。

　　早在清乾隆時所開闢的鹽田，直到了清道光的富豪鹽商吳尚新於現今新地區開闢鹽埕數百甲之後，正式開啟布袋曬鹽業的基礎，日據時代，布袋成為當時鹽運港口，那時的鹽大多是銷往日本及大陸地區，在四、五十年代成為鹽田的白金歲月。

布袋美食蚵嗲王

地址：嘉義縣布袋鎮中山路 42 號

布袋品鱻海產 A8-（推薦漁港人氣必吃）新鮮海鮮美食料理

地址：嘉義縣布袋鎮中山路 3 號 A8

尚青海產店

地址：嘉義縣布袋鎮中正路 49 號

資料來源：嘉義縣布袋鎮公所。

▲嘉義布袋嘉應廟風貌

▲嘉義布袋嘉應廟眾神

▲嘉義布袋嘉應廟趙府元
帥

嘉義縣布袋鎮普天宮

創建年代：民國 66 年

主祀神明
趙府元帥：聖誕日期農曆三月二十七日

配祀神明
順天聖母：聖誕日期三月二十三日
註生娘娘：聖誕日期十一月十日
福德正神：聖誕日期八月十五日
大山軍爺：聖誕日期六月初六日
二山軍爺：聖誕日期六月初六日
地址：嘉義縣布袋鎮海利街 26 號
電話：（05）347-6378

一、創立沿革

　　據老一輩稱，布袋地區居民祖先渡海來臺時，隨身請來保護神，布袋嘉應廟的神明、九龍三公與所有神明，皆是祖先從大陸迎請而來，不屬於臺灣任一廟的分靈。布袋地區在三公與趙府元帥及諸合祀神恩庇祐下，居民安居樂業，物阜民豐，經濟條件的改善，正是促成宮廟香火鼎盛與廟宇建築雄偉富麗、挺然超拔的必要條件。

　　天啟 4 年（西元 1624 年）顏思齊、鄭芝龍海商集團登陸笨港地域（一說魍港，今布袋八掌溪出海口）開基，並拓墾外九庄轄屬。後來鄭芝龍歸清，其子鄭成功驅荷復臺，建立東寧，由智武鎮營兵領原住民和唐山移民墾殖。

康熙 23 年（西元 1684 年），臺灣納入清朝版圖。爾後，因外地進駐人口漸增，和平埔女子通婚繁衍，漢化人口日多，本地居民呈大幅成長。乾隆 29 年（西元 1764 年），官方在本地設置大坵田堡，本庄位處布袋八掌溪出海口。

初期缺款建廟，暫以擲杯方式由各家戶輪值爐主，輪流奉祀一年，歷經一段長久之時期，眾人開始集資共同建造茅屋為廟，在民國 65 年（西元 1976 年）嘉應廟建醮慶典時趙府元帥聖駕旨示：「立宮安壇濟世，由本庄蔡光輝發起創立子龍社（宋江會）。」民國 66 年（西元 1977 年）趙府元帥金身降宮名普天宮。

二、廟宇建築

尊奉趙府元帥降駕指示，建造方位「坐艮向坤兼丑未」（坐東北向西南），採用南式正三門造型架構，基礎工程皆以鋼筋水泥混凝土搗築，建造面積廣達 400 餘坪，廟宇屋頂晹煬剪黏，內部神殿皆用樟木精緻雕刻安金彩繪等，趙府元帥鎮座主殿，註生娘娘、福德正神分祀兩側，左廂供辦公接待使用，香火郁毓，壁堵門柱大小門楣，多數採用青斗原石打造雕刻，為節省建造裝飾經費，雖未達盡善盡美，但建造規模之宏偉，亦可媲美其它鄉鎮，可謂為現代宗教寺廟之楷模。為興建資金各地信徒及里民出錢出力，慷慨自動捐款，由興建委員會細心規劃設計發包，各項工程陸續進行建造。始於民國 80 年農曆 11 月 29 日廟基動土。民國 82 年農曆 8 月 24 日初廟殿上梁完成，而於民國 85 年農曆 11 月 6 日時恭請趙府元帥及列位神明入火安座，其後續工程庭園造景、環境之美綠化、廟埕鋪造等積極推進，前後歷經 5 年全部工作始告完成。

三、交通方式與美食、景點介紹

交通方式：自行開車國道一號水上交流道下→走 168 縣道往

士子東石方向→遇臺 17 線濱海公路往南方向→布袋鎮。

高跟鞋教堂
這座公園的中心處為一座池塘，池塘中央設有以 320 片藍色玻璃打造而成的巨型高跟鞋結構。
地址：嘉義縣布袋鎮海興街

布袋港漁市
地址：嘉義縣布袋鎮中山路 3 號
電話：（05）347-4136

資料來源：嘉義縣布袋鎮普天宮。

▲布袋普天宮風貌

▲嘉義縣布袋鎮普天宮趙府元帥　　　▲布袋普天宮鎮殿趙府元帥

▲布袋普天宮大殿

嘉義縣中埔鄉順平宮

主祀神明

趙府千歲：聖誕日期農曆八月十六日

地址：嘉義縣中埔鄉社口村 19 鄰檨仔林 26 之 2 號

一、創建沿革

中埔鄉社口村在清代時期屬於嘉義縣嘉義東堡社口莊，在日據時代廳轄時期屬中埔支廳中埔區嘉義東堡社口庄；州轄時期屬於臺南州嘉義郡中埔庄社口保。光復後改稱「社口村」。社口村名之來由為該地恰為阿里山蕃往來的門戶，故有此名。因此，社口番仔坑、內普新庄子、下坑仔、檨仔林、十塊厝等部落組成，其中十塊厝全為客家鄉親，極為特殊。

順平宮趙府千歲早期先民由廣東省客家族群攜帶來臺奉祀，時常顯靈保佑客家族群免於原住民殺害，自此族群融合穩定，後村民種植龍眼、柑橘、檳榔等農作物豐收，因此，趙府千歲（趙子龍）就成為社口村檨仔林的信仰中心。（陳宥霖口述採訪）

資料來源：陳宥霖採訪當地口述。

▲嘉義縣中埔鄉順平宮風貌

▲嘉義縣中埔鄉順平宮開基趙府千歲

臺南市七股區正義壇

主祀神明

趙府千歲：聖誕日期農曆二月十六日

道德天尊：聖誕日期農曆二月十五日

楊府太師：聖誕日期農曆八月初六日

配祀神明

中壇元帥：聖誕日期農曆九月初九日

福德正神：聖誕日期農曆二月初二日

黑虎將軍：聖誕日期農曆六月初六日

一、創建沿革

正義壇金身趙府千歲原由海尾人士所朝拜，正義壇壇主陳國慶，因機緣巧合與趙府千歲結緣，經由海尾朝皇宮保生大帝降駕指示，准趙府千歲出庄發揮神威、普渡眾生，才由陳國慶弟子於歲次丁卯年，迎回家中朝拜。

一開始為保家神祀，並沒有立壇，但因趙府千歲神通廣大、眾所皆知。雖為保家神祀，卻也救人無數，在眾弟子誠心懇求下，趙府千歲決於歲次壬申年立壇救世，並蒙玉皇大帝賜下正義兩字為壇名。

二、神蹟傳說

趙府千歲金身據傳有兩百多年的歷史典故，當初由大陸常山迎請而來，其金身的特別之處，與一般的木雕神祀不同，是使用泥土混上淨香灰，捏造成趙府千歲之神像，手工細緻，與木刻像難分軒輊，也使後人常誤會為木雕神像。

趙府千歲廣大的神威，引來南北四方的信眾，過去也有無數的神蹟事件，其中，讓壇主印象深刻的案例，就是有位來自臺北的小孩，本來都不說話，後來參拜問事後，變成一個喋喋不休的話匣子。正義壇立壇至今，近 20 年間，在壇主義務之心下，正義壇恩澤四方救人無數，全省各地皆有信眾聞名而至請問迷津，而今爐下信眾無數，趙府千歲神威遠播。

▲臺南市七股區正義壇趙府元帥

臺南市佳里區子龍廟永昌宮

主祀神明

趙聖輔天帝君：聖誕日期農曆二月十六日

配祀神明

諸葛武侯：聖誕日期農曆七月二十三日

玄天上帝：聖誕日期農曆三月初三日

中壇元帥：聖誕日期農曆九月初九日

天上聖母：聖誕日期農曆三月二十三日

福德正神：聖誕日期農曆八月十六日

註生娘娘：聖誕日期農曆三月二十日

田都元帥：聖誕日期農曆六月十一日

黑虎將軍：聖誕日期農曆六月十一日

地址：臺南市佳里區子龍廟 40 號

電話：（06）726-2348

一、創立沿革

　　明永曆 15 年（西元 1661 年）鄭成功率兵攻克臺灣，經營臺灣為反清復明基地，推行寓兵於農政策。有位林六叔（來自福建省同安縣），被分配墾殖於東勢寮，成為入臺創村之始祖。原本一片荒蕪之地，經其開墾之後，人口逐年增加，前後歷經 20 年村莊終於成型。其地理位置在佳里興堡（古天興縣）之東南方，西為蕭壠堡（今之佳里），東為麻豆堡，古稱為臺灣府諸羅縣麻豆社東勢寮，即今子龍廟也。

　　清康熙 30 年（西元 1691 年）村民為謀求精神寄託，共同決

議築一草寮供奉神明，正巧有位村人「林廷龍」於村落附近溪中撈魚，發現溪中一塊樟木盤旋不去，經多次驅入溪流中竟迴流不前，始將該樟木拾起，竟發現此木已被白蟻咬成「常山趙子龍」五字，村民嘆為奇觀，莫不感到神靈有意於此庇佑眾生，遂而建造草寮供奉，早晚焚香膜拜。

　　不久有位自稱來自唐山泉州之雕刻師蒞臨本地，聲言承趙將軍之托夢前來此地雕刻金身，經村民決議即以此樟木雕成大小兩尊趙雲神像，即今在永昌宮供奉之大子龍、二子龍金身，距今已歷 300 餘年。兩尊趙雲神像神威顯赫，對村民施以聖靈教化。旅居外地之村民更以此為精神寄託，減輕思鄉之苦。

　　乾隆 18 年（西元 1753 年）村民林秋眼見草寮頹廢，會集地方耆老林寅、沈定、楊待等倡議籌資興建正式廟宇坐北朝南，至乾隆 20 年興建完成，同年 10 月吉日恭請趙府元帥入廟安座。並因趙雲曾被劉備冊封為「永昌亭侯」乃取廟名為「永昌宮」，又稱子龍廟。從此原東勢寮庄名亦正式改為子龍廟，此乃全省唯一以古代名將趙子龍之名號為地名之村莊。明鄭時期天興縣治設於佳里興堡，清代亦設巡檢司於佳里興，而當時子龍廟屬佳里興轄區。

二、廟宇建築

　　民國 4 年（西元 1915 年）原建廟宇陳舊年久失修，董事長林碧池（即前駐日大使林金莖之先祖父）、副董事長林光粽、林玉抒等，會集村庄耆老倡議改建，協同村民集資重建，座向改為坐東向西。直至民國 46 年間，在一次雷雨交加中廟宇屋頂被擊破損，時任董監事立即召開聯席會議磋商重建，決議組織重修委員會，推選林量擔任主任委員，集資進行大規模整修，至民國 48 年歲次己亥年 10 月重修完成。

　　民國 78 年由於廟宇建物年久已成陳舊跡象，經本庄信徒多次

集會研商決定重新改建，並組織重建委員會，由全體信徒暨重建委員會聘請林金莖任名譽主任委員，推選林先立擔任主任委員，於民國79年歲次庚午10月2日午時，主持動工興建。並尊奉趙聖帝君降駕指示，建造方位「坐艮向坤兼丑未」（坐東北向西南）採用南式正五門造型。

於民國48年初廟殿重建完成，於歲次乙亥2月13日子時恭請趙聖帝君及列位神明入火安座。其後續工程如牌樓、圍牆、庭園造景、環境之美綠化、廟埕鋪造皆積極推進，前後歷經10年全部工程始告完成。（總工程費近新臺幣1億1仟萬元。）又蒙趙聖帝君指點擇定於民國89年歲次庚辰2月9日，舉行落成大典，同日祭拜土府大帝、后土尊神等祭典。

基礎工程皆以鋼筋水泥混凝土搗築，建造面積廣達325坪。廟宇屋頂蹈煬剪黏，內部神殿皆用樟木精緻雕刻安金彩繪等，壁堵門柱大小門楣多數採用青斗原石打造雕刻，務期盡善盡美，其建造規模之宏偉，可謂為現代宗教寺廟之楷模。

三、慶典活動

趙聖帝君指點擇定於民國89年歲次庚辰2月9日，舉行落成大典，同日祭拜土府大帝、后土尊神祭典。

於民國97年（西元2008年）歲次戊子年農曆4月27日，玉皇大帝封為「趙聖輔天帝君」，並請領建醮玉旨，是為永昌宮戊子年五朝祈安清醮。全庄子民，各方信徒，聞此恩典，莫不歡顏悅色，恭迎聖醮。

為達玉皇上帝意旨，建醮之初，成立永昌宮戊子年五朝祈安清醮建醮委員會，並恭請林玉良先生榮膺主任委員，以及各相關編組，委以重任，期集思廣益，眾志成城，盼運籌帷幄、責任分工，或參訪他廟經驗，採購、庶務、研商、品管不捨晝夜，無論閒餘，只為永昌宮五朝祈安清醮臻善臻美，並承蒙各地信徒大德，十方

善信，盛情隆誼，相迎而立，競相捐獻，致建醮善業順利進行，功德無量。

　　同年 10 月 18 日，圓滿謝壇之際，一時紫氣如蓋，祝文升霄，永昌宮諸爐下信徒，莫不以能參與歷史盛會而榮耀，以能親臨帝君靈威而稱慶。金璧永昌宮，輝煌五朝清醮，天與人歸，萬目共瞻，永世其昌。

四、神蹟傳說（摘錄於《林金莖先生訪問紀錄》一書）

　　民國 37 年（西元 1948 年）年元月，共軍已攻打至上海江北附近，學校發給在學證明，通知我們可以轉學到臺灣大學，當時約有半數的公費生準備回臺灣。我原本買了太平輪船票，但當晚卻夢見「趙子龍騎白馬，抱著小孩，告訴我不可以搭太平輪」，醒來之後，心中有著不祥的預兆。隔天剛好林紀東教授要我去領稿費，於是用這筆稿費改去購買中興輪船票。然而一到售票口時，卻見已排了十幾圈人龍，幸好當時我持有考選部發給的高等檢定准考證，可以優先購買陸海空票，執勤憲兵以為我是專程從臺灣來的考生，還熱心地替我買票，讓我能改搭中興輪回到臺灣。

　　中興輪啟航當天，正好是學校期末考試，原本想作罷不去考試，但中國的船隻開航時間通常會延後幾小時，一般遲個五、六個鐘頭是很正常的事；同學又表示可以先幫我將行李送上船，等我考完試再搭計程車來。我五點鐘一考完試，立刻趕到碼頭，當時中興輪正收錨準備啟航，千鈞一髮之際，我快速地跳上船，跌坐在甲板上，差點就掉落海裡。後來聽說，兩天後才啟程的太平輪，在上海吳淞口外與建元輪互撞沉沒，船上 700 多人、全部罹難。

兵仔戲由來

　　日據時代抽軍伕多數皆死於南洋，庄內壯丁全數歸返。遂發歌仔戲表演答謝神恩，稱為「兵仔戲」。流傳至今，家中有役男

徵調時，皆會向趙聖帝君許願，待平安退伍時，於帝君聖誕日請戲表演以酬謝神恩，成為本宮儀式特徵特色之一。（《佳里鎮誌》記載）

請水

所謂「請水」，就是神明前往溪流或海邊揭水，以為儀式之用，有飲水思源之意。「煮油（洗油）」則為臺灣民間常見的廟會祈安儀式之一，多出現於建醮「入醮」科儀，其目的在於淨去附著於人身及物品之穢氣，以求合境平安。

子龍廟永昌宮從西元 1951 年，於農曆 2 月 14 日後依帝君指示日期上午前往鄰近溪流請水，並將水帶回廟內安置。下午則回庄進行煮油儀式，其儀式流程與其他亦進行煮油儀式的宮廟一致，但因子龍廟庄內大戶眾多，故在煮油隊伍前，設有敲鑼引路報信，另在抬火油鼎後面，另派一位挑擔，視情況加油入鼎。

五、交通方式與美食、景點介紹

交通方式：1. 大眾交通興南客運佳里線。2. 自行開車麻豆交流道→麻佳路。

蕭壠文化園區

蕭壠文化園區前身係臺南佳里糖廠倉庫群，於西元 2005 年元月正式對外開園，占地約 13.8 公頃。日治時期運糖的火車鐵道，串連起 14 棟糖廠倉庫，形成蕭壠深具特色的南、北兩條廊道，各棟倉庫整修及空間改造工作，讓這些舊式倉庫展現出不同的內部空間設計與應用，目前園區內設有兒童遊戲區、兒童圖書館以及戲水區，並有固定的常態性展覽展出，同時籌備國際藝術家進駐計畫，邀請國際藝術家進駐，相當適合闔家一同前往參與藝文活動、遊憩休閒。

營業時間：週三至週日 9：00-17：00
地址：臺南市佳里區六安里六安 130 號
電話：（06）722-8488

嘉福古厝群

嘉福社區以景觀營造著稱，行走其間處處可見古厝、紅磚牆林立，其中陳家古厝經由其後人整修之後，愈見精緻之美。

地址：臺南市佳里區嘉福里

紅磚仔小公園

以社區在地的「紅磚牆」作為設計主意象，規劃出適合老人、小孩休憩的小公園。園區內有遮陽的棚架可供長者泡茶、聊天，在棚架旁可供小孩遊玩的沙坑，以及用矮籬笆（七里香）搭成的小迷宮，並且為了小孩的安全，磚椅利角部分全部磨圓，在細節處極具心思，獲得 107 年度建築園冶獎。

地址：臺南市佳里區營溪里營頂 93 號（對面）

佳里子龍咖啡館

佳里區有間以歷史人物趙子龍為主題的咖啡館，名為「子龍咖啡館」，是全臺首家以趙子龍為主題的咖啡館；老闆林昆德花費 6 年時間，遠赴大陸河北、四川等地，蒐集趙子龍的書籍、文史資料，並在館內陳列趙子龍銅雕等，期待咖啡會友時，讓更多人了解趙子龍的文化與歷史。

地址：臺南市佳里區仁愛路 227 號

旺獅虱目魚粥

地址：臺南市佳里區六安里 104-23 號
電話：0952-269086

臺南市佳里區子龍廟永昌宮

包仔福佳里肉圓

佳里肉圓是佳里著名的小吃，原位於中山市場內，後移至延平路開店，其內餡有筍塊、肉塊、香菇，食材豐富，再搭配上一碗附贈的清湯，讓人充滿飽足感。

每日 08：30-18：00（全年無休）

地址：臺南市佳里區延平路 215 號

電話：（06）722-7226

佳里虱目魚粥

虱目魚粥是很多在地人喜愛的餐點，不管是早餐、午餐或是晚餐都可以來上一碗，一片完整的魚肚覆蓋在粥品上，看起來就讓人垂涎三尺。

營業時間：每日 04：00-20：00（星期一例休）

地址：臺南市佳里區新生路 123 號

電話：（06）723-0898

資料來源：臺南市佳里區子龍廟永昌宮、臺南市佳里區公所。

▲臺南子龍廟永昌宮空拍圖

▲臺南子龍廟永昌宮請水儀式

▲臺南子龍廟永昌宮子龍爺手轎濟世

▲臺南子龍廟永昌宮戊子年五朝清醮

▲臺南子龍廟永昌宮廟宇地標

▲臺南子龍廟永昌宮趙聖輔天帝君

臺南市東山區崎腳子龍廟

創建年代：民國 35 年

主祀神明
趙府千歲：聖誕日期農曆正月十五日

配祀神明
協天大帝：聖誕日期農曆五月十三日

關聖帝君：聖誕日期農曆六月二十四日

福德正神：聖誕日期農曆二月初二日

義士公：聖誕日期農曆二月初二日

地址：臺南市東山區崎腳 49 號

電話：（06）686-2905

一、創立沿革

　　崎腳子龍廟位於四面環山的優美聖地，緊鄰著周圍綠野仙境，烘托出安祥寧靜的氣息，踏進此地的子民們，無不卸下心中巨石，好瞧瞧趙子龍的足跡。崎腳子龍廟的前身為保和宮，說到由來，據傳：在清朝雍正年間，有位李姓義士由大陸福建恭請子龍爺暨關聖帝君兩尊神像來臺灣，最初奉祀子龍廳爾後遷至檨仔腳，後來因廟宇遭日人破壞，再遷至崎腳。

　　當時信徒有 20 人，以吃會方式維護子龍廟。臺灣光復後，於民國 35 年，由李福先生等 6 人，勘定現在之廟址，該地四面環山繞水，站在廟埕舉目展望，山明水秀，風景優美，堪稱為一勝地佳穴，當時之管理人為李秋文先生，以就地取材之方式，興建簡單之廟宇（位於現廟址正後方）。於民國 70 年間，廟宇已老舊不

臺南市東山區崎腳子龍廟

137

堪，因此由信徒鄭麗川先生等發動擴大重建之建議，並召開信徒大會，推選李汀泉先生為興建委員會主任委員，於民國72年6月間邀請當時立法委員李宗仁先生蒞臨主持動工，惟因當時景氣低迷，境內信徒所捐出之金錢有限，故採取長期分段興建方式，歷盡千辛萬苦，才延至民國90年建造完竣，並於民國94年，舉行入火謝土大典。

二、神蹟傳說

關於子龍爺之靈戚事蹟，據傳：當時白河方面有一股土匪，準備攻擊搶劫十八重溪內，當時人心惶惶，幸賴子龍爺靈契起乩指示：在三條嶺（現在大嶺）準備一排稻草人，並於夜間八時插一排香，就可避免災劫。據說當時這股土匪，看到三條嶺上，燈火閃閃，人影幢幢，好像千軍萬馬般駐守，故知難而退，不敢進攻，終使十八重溪內，大家平安無事，逃過劫難。

另一則神蹟：日據時代，前大埔（東原），有位陳總理起歪念，想霸占子龍爺廟產，因當時陳總理財粗勢大，無法無天，地方法院竟判20位信徒敗訴，而後管理人李通先生於無法可施情形下，只有燒香禱告子龍爺靈契庇祐，最後在高等法院訴訟時神明果然顯靈，判陳總理敗訴，而陳氏當庭暈倒在地，無法言語，李通先生等20位信徒，終於反敗為勝，廟產得以保住。

以上兩則神蹟，讓眾信徒，更能體會子龍爺之靈感。祈願子龍爺永世神威顯赫，護國佑民，風調雨順，六畜興旺，五穀豐收，合境富裕平安，眾信徒不勝感激神恩之浩蕩。

三、活動錦囊

每年元月15日為崎腳子龍廟趙府千歲聖誕，也為廟宇興辦大型活動祭典的日子，全體居民參與，熱情洋溢。

四、交通方式與美食、景點介紹

交通方式：1.大眾交通興南客運：新營車站出發抵達青山。2.自行開車白河交流道下 172。

斑芝花高爾夫鄉村度假俱樂部

斑芝花高爾夫俱樂部，位於臺灣臺南市東山區東原里，是南臺灣少見的高爾夫度假中心，除了 27 洞球道之外，還附設多樣化休閒娛樂與住宿設施。斑芝花高爾夫俱樂部創設民國 82 年，占地 108 公頃，是美國知名設計師佩特·戴伊與其長子裴瑞·戴伊在臺灣的唯一作品。

地址：臺南市東山區 39 號斑芝花坑

電話：（06）686-2208

何香農園

地址：臺南市東山區 49 之 14 號

東香貓咖啡園區

東香貓咖啡園區位於東山往咖啡園區第一站，前方觀賞臺南市七大名山，後欣賞世界之美，左邊一條鹿寮溪，無污染清澈見底可戲水；右邊有美麗花園步道、假山瀑布、蓮花池，周邊有多種果樹區、桂花區、咖啡園圍繞著，交通停車最方便。

服務項目：

1. 採果體驗（龍眼、咖啡果）。

2. 小旅遊：

（1）參觀咖啡樹成長，解說咖啡製作流程，怎樣體驗頂級咖啡奧妙口感，喝咖啡對人體好處與壞處。

（2）參觀現代化科技操作法、龍眼烘焙窯，農民很辛苦聽了您一定很感動。

3. 炒咖啡豆 DIY 體驗。

地址：臺南市東山區南勢里 3 鄰大洋 29 號

電話：（06）686-3156

永倉伯椪柑

地址：臺南市東山區高原里

電話：0921-278849

資料來源：臺南崎腳子龍廟管理委員會。

▲臺南東原崎腳子龍廟後方原址

▲崎腳子龍廟原址裡面

▲臺南東原崎腳子龍廟風貌

▲臺南東原崎腳子龍廟列位神尊

▲臺南東原崎腳子龍廟趙府千歲神像

▲臺南東原崎腳子龍廟來臺部將

臺南市南區永龍宮

主祀神明

趙聖帝君：聖誕日期農曆二月十六日

配祀神明

南天文衡聖帝、北極玄天上帝、天上聖母、保安廣澤尊王、觀音佛祖、李府千歲、池府千歲、吳府千歲、天官文財尊神、天官五路武財神、天虎將軍、濟公禪師、諸葛武侯、福德正神、中壇元帥、田都元帥、註生娘娘、虎爺將軍、保生大帝、閻羅天子、招財使者、利市仙官、千里眼、順風耳

現壇址：臺南市南區中華南路 1 段 66 巷 1 號

電話：（06）215-3985

一、創立沿革

臺南玉勅永龍宮成立暨奉祀三國名將趙聖帝君（趙子龍）始於民國 66 年，緣於宮主林平穩先生自佳里子龍廟永昌宮恭迎趙府千歲王令安奉自宅，多年來數度神威顯赫，裨助消災化吉：民國 95 年屢而夢見趙府千歲諭設宮以行醫救世，逐請筊，降鸞予以確認無誤。翌年，設香案 49 天。請示玉皇上帝，玉皇上帝予准，再請示趙聖帝君壇名定為「玉勅永龍宮」；同年雕刻開基趙聖帝君、鎮殿趙聖帝君、中壇元帥、虎爺將軍。並聘請三壇法師回祖廟開光點眼趙聖帝君、中壇元帥、虎爺將軍。民國 96 年前往臺南開基玉皇宮請領天旨，東獄殿請領地令，佳里子龍廟永昌宮謁祖，本宮祀奉趙聖二帝君、趙聖三帝君乃民國 96 年奉趙府千歲降示，回祖廟恭請回本宮安奉，以茲襄助行醫濟世，教化人心。

二、神蹟傳說

　　民國 97 年，前往南天府恭請南天文衡聖帝、屏東車城福安宮福德正神、北極玄天上帝。98 年赴北港朝天宮恭迎天上聖母回壇。並陸續雕刻保安廣澤尊王、諸葛武侯、觀音佛祖、李府千歲、池府千歲安奉；在此年因 H1N1 之事，一信女因醫院醫生宣告病危通知，來請示本宮趙聖帝君，在趙聖帝君賜藥方給信女後，此信女病已康復，回到永龍宮答謝趙聖帝君神威相助。

三、神尊來源

　　民國 96 年雕刻趙聖四帝君、趙聖五帝君、濟公禪師。永龍宮崇祀神明大致已定。本宮有今日規摸，銘謝莘莘善信長期捐資，臚列於右：林平穩、王秀菊、何俊良、林明宏、林益聖、吳依紋、林唯莉、陳金鳳、林駿杰、林駿葳、吳錦榮、洪春和、許家觀音佛祖、陳明續、陳政吉、陳秀芬、黃英雀、黃銘釧、黃清文、趙鎮峰、蔡明宏、鄭義淞、簡俊明等善信捐資。

　　永龍宮趙聖帝君、北極玄天上帝、中壇元帥、虎爺將軍、諸葛武侯乃從佳里子龍廟永昌宮開光分靈，民國 96 年成立第一屆管理委員會。第一屆主任委員為鄭義淞先生、榮譽主任委員市議員莊玉珠小姐。因現址狹宅，參拜信眾與廟務活動與日俱增，復於 98 年扶鸞降示，提議與預訂民國 103 年擇福地建廟，祈請諸善信大德慨捐基金以俾使早日完成立廟大業。

▲臺南永龍宮供奉於宮主店面

▲臺南永龍宮眾神

臺南後壁區趙聖壇

創立起始年：民國 82 年

主祀神明

趙府元帥

天上聖母

中壇元帥

祝壽日期：農曆八月廿三日

地址：臺南市後壁區土溝里土溝 109-2 號

電話：（06）687-1411

一、建立沿革

民國 82 年乩身林弟子北上工作，工作之餘仍熱忱參與廟務，於因緣際會中得有緣師兄指點與趙府元帥有緣，遂尋北部著名神佛雕刻師父雕塑聖像，初以家神請回供奉。

民國 100 年趙府元帥降駕指示，需回臺南市佳里區子龍廟謁靈，並於回駕當日奉玉旨敕令賜降宮名為「趙聖壇」，並正名為「趙府元帥」。同時並聖示門下弟子需秉持：開宮濟世，度化眾生，忠孝仁義普濟群生。

資料來源：臺南後壁區趙聖壇。

▲趙聖壇住宅

▲趙聖壇家中神壇

臺南市後壁區龍興宮

創建年代：民國 59 年

主祀神明

趙聖定遠帝君：聖誕日期農曆九月二十七日

玉皇四殿下：聖誕日期農曆下五月初二日

文衡聖帝：聖誕日期農曆六月二十四日

地址：臺南市後壁區新東里 188 之 10 號

電話：（06）635-8068

一、創立沿革

位於新營與後壁交界的後壁龍興宮，與天鵝湖公園遙遙相望，巷口所設立的招牌，描繪著未來廟宇興建完成的藍圖。相信在興建委員會負責人及眾信徒的努力之下，不久的將來醜小鴨也將蛻變為天鵝。

後壁龍興宮發跡於新營，於民國 59 年登基救世。其起源是源自現任龍興宮管理人暨興建委員會負責人沈聰進先生之丈母娘──趙許藝女士。

趙許藝女士年少時期夜不成眠，躺於床上常見竹屋天花板有腳印來去不定，因精神問題求醫無效，家人擔心轉而求神問卜，王爺公降駕指示，有神明欲用其為代言人，遂至開基玉皇宮玉皇上帝前請示封官領旨，始知其神為趙子龍。

趙許藝女士少時嫁夫趙永昌，趙永昌為一貧窮家子弟，娶妻時住於鴨寮草茅屋中，客廳供有一神位。忽然有一天有三位婦人經人指點說於此草茅屋附近有在辦事濟世，輾轉找到此草茅屋，巧遇趙許藝，說明來意，趙女士說此處未曾有神明辦事，語畢，

三位婦人欲離開時忽然天空昏暗下起雨來，致三位婦人不得不留下來避雨。就在此時，趙女士突然手舞足蹈，口中唸唸有詞，原來是趙子龍公降駕辦事，三位婦人的問題也迎刃而解，從此名揚開來，濟世眾生，信徒遍布全臺。

龍興宮於救世30週年時，因宮處市區，聖誕日常造成交通不便，故提議建廟。當初因經費無著落，原本欲搭蓋鐵皮屋暫用，趙子龍公在其乩子耳邊說：「是要幫我蓋絲瓜棚嗎？」於是轉而興建莊嚴隆重之宮廟。龍興宮現為興建中宮廟，自民國89年動土興建，今基體架構已完成，並於民國98年遷廟至現址。廟宇管理人暨興建委員會負責人沈聰進先生，原是一名相當不相信鬼神之人，於當兵時受傷致無法站立行走，當日夜裡夢到一位身穿白戰袍，駕著白馬，持一長矛之將軍，謂其是趙雲，躍下白馬只見其手扶腳，隔天醒時，竟不藥而癒。退役後於其救世壇中，幫忙參與各項聖事，至今也已30餘載，如今龍興宮廟宇落成是他最大心願，期望各方善士大德，共襄盛舉，行道布施，惠予幫忙，功德無量。

二、交通方式與美食、景點介紹

交通方式：1. 大眾交通由新營總站出發抵達埤寮（天鵝湖公園）步行約300公尺抵達。2. 自行開車新營交流道下→往市區方向→長榮路→左轉中正路→見天鵝湖招牌左轉小巷。

新東社區公園
地址：臺南市後壁區

心園公園
地址：臺南市後壁區南85鄉道

資料來源：臺南市後壁區龍興宮。

▲臺南後壁龍興宮風貌 ▲臺南後壁龍興宮趙聖定遠帝君

▲臺南後壁龍興宮廟埕

臺南市許中營順天宮

主祀神明

趙府元帥：聖誕日期農曆二月十六日

地址：臺南市安定區中榮里 3 鄰 27 號

電話：（06）593-7201

一、創建沿革

許中營原為明鄭於臺江北岸所設的營鎮，清乾隆 5 年（西元 1740 年），翁義、翁唪、翁碧、翁鈺、翁港和鄭子利兄弟及張姓入墾該地。庄廟順天宮，主祀天上聖母，傳係為中國漁民供於船頭，以庇護航海捕魚平安，在捕魚期間，因受惠於許中營先民，因此在捕魚工作結束後返回中國時，將所攜天上聖母神像贈予許中營的先民。

天上聖母原以輪爐主方式奉祀，直到日明治 32 年（西元 1899 年），由翁送、陳青風等人發起創建公厝；日治期間，翁格曾發起修繕廟貌一次；民國 36 年（西元 1947 年）鄭全、鄭神泰、王和尚等人再發起修繕，並增建前殿。

民國 63 年（西元 1974 年），因公厝廟貌老舊，有礙觀瞻，而拆除重建今廟，民國 64 年（西元 1975 年）竣工，改以「趙府元帥」（即三國趙子龍）為鎮殿神尊。民國 69 年（西元 1980 年）農曆 11 月舉行三朝祈安清醮，並到鹿耳門溪請水，回來重安五營，並舉行遶境活動。

據說許中營尚未建公厝前，姓李仔角頻傳火災，柴堆、稻草堆常無故起火，但自從公厝於今廟址興建後，姓李仔角便不曾再發生火災，因此，當民國 63 年（西元 1974 年）今廟重建時，有人建議廟址要移到庄中心。

姓李仔角以公厝興建後，便不曾再發生火災為由，爭取原址重建今廟，並獲同意。公厝原本建在一高聳的土崙上，今廟興建時，因廟基較寬廣，因此剷下三、四尺高的土方，再於周遭填土為地基興建今廟。

順天宮所奉祀的趙府元帥及中壇元帥，原為下寮仔人奉祀的神明，後隨下寮仔人遷入庄內，最先以擲爐主輪祀，公厝創建後入祀順天宮。普庵祖師原為度仔頭人的私佛仔，公厝興建後落公為公神；天上四媽及哪吒元帥，本為庄人之私佛仔，亦於公厝興建後落公為公神，惟天上四媽今已被翁姓後代請回家奉祀；由於時代演變，人人安太歲保平安，順天宮順應庄人之須，於是在民國95年（西元2006年）增設太歲神君，方便庄民就近在庄廟安太歲燈、文昌燈及光明燈。

至於北極將軍的增祀，則有段傳奇。在日治末皇民化運動時，日本政府為消滅臺灣宗教，而有除神之舉，即將各宮廟神明集中放火焚燒，謂之讓神明升天，順天宮亦難逃此劫。庄民決議分頭匿藏八尊開基神像，另雕八尊未開光點眼的神像，以備日警除神之用，卻逢日本戰敗，而免除焚燬的命運，而被供在公厝內。戰後，有將此八尊神像去除之議，但中壇元帥及哪吒元帥的乩降諭曰：該神像因受香火奉祀，已有神靈，不可廢。但因供奉神尊太多，於是等今廟重建落成時，將八尊合雕為一尊，取神名曰：北極將軍。與北極將軍同時雕塑神像的，還有田府元帥及鎮殿趙府元帥。

宋江陣所奉祀的田府元帥，原本是以三角令旗方式奉祀，在今廟落成時，正式雕塑神像奉祀。開基趙府元帥較小尊，都是信徒爭相迎請問公事的對象，今廟落成時，另雕大尊的趙府元帥，做為鎮殿之神尊，即今鎮殿趙府元帥。

資料來源：臺南市安定區中榮社區農村再生計畫。

▲臺南市許中營順天宮風貌　　　　　　▲臺南市許中營順天宮鎮殿趙府元帥

▲臺南市許中營順天宮神明聖誕

臺南市麻豆護安宮

主祀神明

天上聖母：聖誕日期農曆三月二十三日

趙府元帥：聖誕日期農曆十月十六日

地址：臺南市麻豆區寮廍里 1 鄰 3 號

電話：（06）572-2192

一、創建沿革

緣居住於福建省漳州府龍溪縣陳陽港院后社及黃坑角之黃姓先民，於前清雍正年間，分別自祖籍迎請趙府元帥及甫信將軍二尊神像，隨船渡海來臺，神明庇祐，一帆風順，平安抵臺，於麻豆水堀頭登岸，東行結社於此。

乾隆 23 年，庄民組織聖母輪班會，自臺南祀典大天后宮分香迎奉天上聖母。嘉慶 17 年，院后社黃姓族民組織趙府元帥爺會，嘉慶 21 年，黃坑角之黃姓族民，組成將軍爺會，為庄內本來雖有神像而無廟宇，神尊均由每年農曆正月 15 日擲筊選取之爐主，迎至家中供奉，至日治昭和 2 年，庄中耆老感受到神恩浩蕩，不可無廟，乃倡議建造公厝，取護祐庄民安康之意，立名為護安宮。

廟成之後，將原先奉祀於庄內各角頭之神明，全部迎至宮中供奉。民國己酉 58 年，重新修葺，至民國辛亥 60 年完成，時里長有感庄內族群合和，提議自竹圍仔迎奉五府千歲，合祀宮中，至此護安宮遂成全里共同信仰之中心。至民國癸酉 82 年，因年久月深，廟宇頹壞，乃由庄眾公議拆除重建，擇吉於同年農曆 3 月 5 日動土興工，民國乙亥 84 年陽月吉時入火安座，民國丙子 85 年 12 月竣工，民國丁丑 86 年 2 月落成，成今日莊嚴宏偉之廟貌。

二、景點介紹

麻豆文化館

文化館於民國 90 年 8 月 4 日正式開館，原名為文物資訊展覽館，於民國 91 年 3 月 13 日更名為文化館。本館依據行政院文化建設委員會為管理「充實鄉鎮展演設施」而成立，為一地方鄉鎮層級展演設施，是曾文藝文的生活舞臺，麻豆第一個純粹藝文展演空間，亦為藝術家及文史工作者聚會交流之所在。「麻豆文化館」分為 A、B 兩館，分別為文史文物館與藝術美術館，定期舉辦各項文物史料展示及書畫、藝術創作展覽。展覽期間，配合動態活動設計和教學示範，常吸引鄰近社區民眾和學校團體的參與。為能積極推動地方藝文欣賞風氣，方便民眾參觀，更開放夜間參觀時間。現在，這裡已成為麻豆街上的新據點，提供區民一個不一樣的休閒活動空間。

資料來源：臺南市麻豆區公所、中央研究院人社中心地理資訊科學研究專題中心。

臺南市麻豆護安宮

▲臺南市麻豆護安宮風貌

▲臺南市麻豆護安宮大殿

▲臺南市麻豆護安宮開基趙府元帥

臺南市新營區龍聖宮

創建年代：民國 62 年

主祀神明
白維聖帝：聖誕日期農曆八月二十二日
趙聖輔王：聖誕日期農曆二月十六日

配祀神明
清水祖師：聖誕日期農曆元月初六日
濟公禪師：聖誕日期農曆二月初二日
觀世音菩薩：聖誕日期農曆二月十九日
註生娘娘：聖誕日期農曆三月二十日
孚佑帝君：聖誕日期農曆四月十四日
五虎將軍：聖誕日期農曆六月十四日
王靈天君：聖誕日期農曆六月十六日
五公菩薩：聖誕日期農曆六月十九日
關聖帝君：聖誕日期農曆六月二十四日
福德正神：聖誕日期農曆八月十五日
紫極至尊：聖誕日期農曆九月二十三日
地址：臺南市新營區新東街 61 號
電話：（06）632-9357

一、創立沿革

　　龍聖宮位於臺南新營市區，交通便捷，熱鬧繁華。廟前兩旁鋪設大片草皮地，外加上木柱搭造成的涼亭，給人安逸自在感；走進廟內迎面的便是威嚴神尊，空氣中盪漾著沉穩的氣息，前來

157

的香客皆誠心專注的祭拜。民國38年由信士劉木森、劉周蓮夫婦從臺南市東門城龍山殿請回令旗，時稱白府千歲，神威救世，庇佑地方居民，民國41年奉旨降駕指示，雕刻金身，尊稱白維聖帝、趙府元帥，創設救世壇，神威顯赫，救拔眾生，靈澤恩被四方。民國61年，在各方善信資助下開工，並於民國62年竣工落成現址，稱名龍聖宮，並賦予勸化、濟世、傳道為宗旨。龍聖宮虎爺具有3000多年歷史典故，據傳當時主神白府代天巡狩，迎請虎爺輔助宮廟，迎請三次才成功請駕至宮內。

二、神蹟傳說

　　龍聖宮座落於新營火車站正北方，據傳早期新營車站每年傷亡人數甚多，請示龍聖宮白維聖帝，一開始指示安中營於站內，車站站長認為不夠，於是再安五營，分別坐鎮在東、西、南、北方與中間，每天庇佑火車往來平安，此後不再有傷亡事件，這也成為新營車站的特色之一，全臺鐵路站中唯一的「五營廟」。

三、活動慶典

　　龍聖宮奉祀主神白維聖帝，係周朝上大夫；先鋒官為趙府元帥，係三國時代名將，每年分別於2月及8月，舉行春秋二季聖誕日祭典。

四、交通方式與美食、景點

　　交通方式：1.大眾交通可搭火車至新營車站步行至龍聖宮。2.自行開車新營交流→復興路→山路→開元路→新東街。

新營縣府日式木造官舍

新營縣府日式木造官舍，亦稱本田三一宅，為臺南市新營區的一棟日式宿舍，建於西元 1935 年，當時作為本田三一的宅邸，位於新營都市計畫改正的新興區，見證新營的地方發展。戰後作為新營縣府宿舍，西元 2010 年指定為臺南市歷史建築，修復後委外經營藝文展演空間，為新營區首件修復再利用的歷史建築，亦為新營美術園區的景點之一。

地址：臺南市新營區大同路 39-1 號

禾來草魚粥

地址：臺南市新營區中營里開元路 28 號

電話：（06）633-0668

勇伯快炒

地址：臺南市新營區綠川路 60 號

電話：（06）633-8093

資料來源：臺南市新營區龍聖宮。

臺南市新營區龍聖宮

▲新營龍聖宮風貌

▲新營龍聖宮文武眾神

臺南市外塭順天府

建廟年代：約民國 10 年

主祀神明
文衡聖帝
張府千歲
趙府千歲（趙子龍）
馬府千歲
黃府千歲
合稱文衡帝君五虎將聖誕統一祭祀農曆五月十三日

配祀神明
樹德尊王：聖誕日期農曆農曆五月十三日
中壇元帥：聖誕日期農曆農曆九月九日
雷都元帥：聖誕日期農曆農曆五月十二日
住址：臺南市安南區安昌街 106 巷 11 弄 41 號
電話：（06）356-1829

一、創建沿革

順天府位於外塭，今廟貌於民國 84 年整修，順天府內分為「五虎將」與「雷都元帥」兩祠。

「五虎將」祠內奉祀文衡聖帝、張府千歲、趙府千歲、馬府千歲、黃府千歲等神祇，「雷都元帥」祠內所祀為雷都元帥石碑，祠後並有一墓塚。順天府東側廟旁有一神榕「樹德尊王」，並設有香案祭祀。

二、樹德尊王介紹

　　外塭順天府有兩棵榕樹，東西兩側各有一棵。東側稱為樹德尊王，樹齡以有百年以上。西側這較小，樹齡約 60 多年。

　　西側樹木根部的空間幾乎水泥化，樹的前方有一個案堂，裡頭只有一根竹竿，上面綁著紅布。因樹的空間狹小，有三面是牆，其中一面是鐵皮蓋的順天府管理委員會辦公室。而樹冠的一枝樹幹，延伸與樹德尊王榕樹的樹枝交會。

　　東邊的榕樹被譽為樹德尊王，經常有人在此樹下喝茶聊天與下棋，有志工在此樹下整理環境，此樹的樹冠大，樹葉茂密，是大家的聚會場所。樹幹也是有綁著一條大紅布，南方有一匾額，寫著順天府樹德尊王，匾額下方設一案堂，用來擺設香爐、紅燭燈等祭祀用品，供人祭拜。

三、景點介紹

國立臺灣歷史博物館
地址：臺南市安南區長和路 1 段 250 號

星光田園：烤肉＋露營
地址：臺南市安南區長和路 4 段 120 巷 81 號
電話：0988-085088

中州寮夜市
地址：臺南市安南區長和路 2 段 245 巷

五塊寮慶和宮
臺南市安南區長和路 1 段 845 巷 56 弄 6 號

酷柏德式廚房

地址：臺南市安南區長和路
1 段 358 號

三崁店神社遺址

地址：臺南市永康區三民街
79 巷

資料來源：臺南市外塭順天
府管理委員會、文化資源地理資
訊系統 - 田野調查 - 吳明勳。

高雄市大寮區趙雲廟

主祀神明

趙聖帝君：聖誕日期農曆二月十六日

配祀神明

關聖帝君：聖誕日期農曆六月二十四日

諸葛武侯：聖誕日期農曆七月二十三日

九天應元雷聲普化天尊：聖誕日期農曆八月初五日

五顯靈官華光大帝二世：聖誕農曆九月二十八日

福德正神：聖誕日期農曆八月十六日

中壇元帥：聖誕日期農曆九月初九日

地址：高雄市大寮區琉球路 51-9 號

電話：(07) 783-8117

一、廟宇介紹

　　高雄大寮趙雲廟主神「趙聖帝君」乃三國蜀漢五虎名將「趙雲，字子龍」，常山真定（今河北元氏縣西北）人，故稱「常山趙子龍」。於長坂坡單騎救主勇猛善戰；年登 70 歲鳳鳴山斬五將，威望崇隆，譽有常勝將軍之美名。歷任翊軍將軍、中護軍、征南將軍、永昌亭侯、諡順平侯。

　　趙雲廟緣起於民國 89 年，始由趙聖帝君托夢第一任宮主洪中和之子洪子雲，指示與其有緣，並於夢中叮囑由洪中和先生於祖廟佳里子龍廟——永昌宮，以連六聖筊獲允趙聖帝君金身寶像及香火至高雄市大寮區琉球里供奉，在供奉滿週年之時設香案稟上蒼恩賜宮號，以連六聖筊獲賜懿旨。子龍宮（趙雲廟之前身），為高雄市大寮區第一間主祀三國名將常山趙子龍之廟宇。

第二任宮主由洪中和先生之長子洪信朗接任。曾有信徒信仰趙聖帝君後自行勒戒成功；庇佑其委員劉大榮之母癌末痊癒之事傳為佳話，神蹟之事不勝枚舉！信徒因感念趙聖帝君剛正不阿，神威顯赫，助人無數，教導信徒百善孝為先，秉持信仰並非怪力亂神之事，是為精神寄託及匡正社會風氣。遂由信徒林英和、洪信朗、林杏玫、謝菁秀、蔡三民、林信全、江昆哲、鍾侑虔、許家榮、蔡湘怡、蔡憲宗等人籌組趙雲廟建廟委員會，並由林英和擔任主任委員，洪信朗擔任副主任委員，眾人齊心協力於民國107年11月完成建廟事宜。由趙聖帝君主公賜名為「趙雲廟」。

二、美食、景點介紹

鳳儀書院
　　鳳儀書院位在臺灣高雄市鳳山區，緊鄰鳳山城隍廟，於民國74年11月13日公告為三級古蹟，是臺灣現存規模最大的書院。
　　地址：高雄市鳳山區鳳崗里鳳明街62號
　　營業時間：10：30-17：30

大東濕地公園
　　大東濕地公園，前身為中正公園，位於臺灣高雄市鳳山區，占地約9.33公頃，創建於1981年。因園區內的樹木配上湖間的倒影，被稱為「城市版忘憂森林」。
　　地址：高雄市鳳山區經武路28巷大東公園

大東文化藝術中心
　　大東文化藝術中心，位於高雄市鳳山區大東國小校地，占地4.3公頃，大東國小轉型為精緻型迷你藝術小學。藝術中心涵蓋800席多功能演藝廳和半戶外劇場，共有演藝廳、展覽館、藝術教育

中心、圖書館等 4 棟建築，其中圖書館是臺灣首座藝術圖書館。

地址：高雄市鳳山區光遠路 161 號

營業時間：10：00-21：00

舊振南漢餅文化館

舊振南餅店創始於清光緒 16 年（西元 1890 年），流淌百年的歲月長河中，我們始終秉持著「喜悅、信任」的精神，藉由手作的精緻漢式糕點，體現漢餅文化的底蘊與傳遞對消費者的尊重與關心。

地址：高雄市大寮區捷西路 298 號

營業時間：10：00-18：00

聯絡電話：（07）701-8986

來碗豆花吧

傳統手作豆花 9 巷 24 號

地址：高雄市鳳山區光遠路 329 號

電話：0958-361367

營業時間：18：30-22：30

老店李家肉圓

肉圓伯文進仔 5 元迷你肉圓李家肉圓（文進仔肉圓伯）由李文進夫婦共同創業至今 40 多年，一直以來秉持著實在的態度製作肉圓。

地址：高雄市鳳山區瑞興路 64 號

電話：（07）746-4673

營業時間：5：00-17：30（公休日每月 2 天不固定）

吳記囍餅店（鳳山總店）

真材實料堅持傳統保有「自然風味」的理念，至今仍持續以獨特作法製作、一直是吳記的用心。三大經典糕點：綠豆椪、鴛鴦餅、蝦米肉餅。

地址：高雄市鳳山區光遠路 284 之 1 號

電話：（07）746-2291

營業時間：8：30-21：30

資料來源：高雄市大寮區趙雲廟管理委員會。

▲高雄趙雲廟風貌

▲高雄市大寮趙雲廟鎮殿趙聖帝君

▲高雄市大寮趙雲廟趙聖帝君站姿

▲高雄趙雲廟眾神

▲高雄市大寮區懿旨 趙雲廟 主祀 趙聖帝君（常山趙子龍）

高雄市岡山區行天宮

主祀神明

池府二千歲：聖誕日期農曆六月十八日

趙聖帝君：聖誕日期農曆二月十六日

一、歷史探源

高雄市岡山區玉旨行天宮現座落於高雄市岡山區嘉興里嘉興路37-28號臨時行宮，於癸未年9月6日建宮濟事迄今將屆八個寒暑，主祀代天總巡狩池府二千歲，因神聖

靈感，信徒日增，且蒙上蒼垂憐，遂降旨啟建新廟，多年來，承眾信徒不棄，出錢出力，已於今年歲次庚寅年5月18日，由舊址遷至現址，並舉行「一朝慶成入火安座祈安大典」，亦在今年3月26日，由神聖指示前往臺南佳里子龍廟永昌宮，恭迎三國猛將「永昌亭侯」趙聖帝君回宮永鎮，扶助建宮，同受萬人香火，是為「趙聖帝君」。新廟廟址即在臨時行宮旁。

現宮內分為三殿，分別為主殿「威靈殿」主奉玉皇大天尊、真武帝君、池府二千歲、趙聖帝君、玉皇大殿下及列位客神；左殿「財神殿」主奉福德老爺、中路武財神、天官天爺文財神、趙財神、銀霄二姑娘、濟公老禪師；右殿「元辰殿」主奉斗姥星君、地藏王菩薩、酆都大帝、東嶽仁聖三帝、都城隍尊神、十殿閻羅以及信眾供奉之光明燈等。

交通方式：自行開車岡山交流道下。

高雄市林園正氣南聖宮

主祀神明

關聖帝君：聖誕日期農曆六月二十四日

趙聖帝君：聖誕日期農曆二月十六日

住址：高雄市林園區椰樹南巷 29 號

一、創建沿革

　　早期正氣南聖宮未立金身之前以黑令旗奉祀，直到採乩尋找乩身坐禁出關後，關聖帝君降鸞指示雕塑金身奉祀，此後每年乩生都會閉關一星期以提升修行。

　　正氣南聖宮常常往高雄旗津方向隨緣度化眾生，每當濟世完畢委員們都會在旗津麵攤吃麵，直到一回，子龍爺也跟隨關聖帝君回正氣南聖宮一同濟世，每當子龍爺降鸞乩生都會口吐白沫一碗才能降駕，同時需要好幾個人扶長板椅子，不然降鸞力道太大容易彈開，這就是正氣南聖宮趙聖帝君發跡過程。

　　此外，北港朝天宮、大稻埕慈聖宮、木柵仙公廟指南宮曾駐駕正氣南聖宮協助渡化世民。

　　正氣南聖宮趙聖帝君又稱「大頭」，因為神尊臉型特別大；亦稱「麵攤帝君，」因在吃麵時候子龍爺跟回宮。（陳宥霖口述採訪）

高雄市鳳山區苓發宮

創建年代：民國 78 年

主祀神明
觀音佛祖：聖誕日期農曆二月十九日
廣澤尊王：聖誕日期農曆八月二十二日
馬府千歲：聖誕日期農曆九月十八日

配祀神明
趙聖帝君：聖誕日期農曆二月十六日
中壇元帥：聖誕日期農曆九月初九日
李府千歲：聖誕日期農曆四月二十六日
福德正神：聖誕日期農曆二月初二日
池府千歲：聖誕日期農曆六月十八日
註生娘娘：聖誕日期農曆三月二十日
吳府千歲：聖誕日期農曆九月十五日
天虎將軍：聖誕日期農曆六月初六日
朱府千歲：聖誕日期農曆八月十五日
蕭府太傅：聖誕日期農曆五月十七日
范府千歲：聖誕日期農曆四月二十七日
徐府千歲：聖誕日期農曆七月初八日

一、創立沿革
鳳山苓發宮奉祀觀音佛祖、馬府千歲、廣澤尊王等，而觀音佛祖、馬府千歲、廣澤尊王三尊神佛金身原埋於地底下，32 年前因緣際會下，進行電話線路工程時，巧獲此三尊神尊像。

民國78年3月29日（農曆2月22日）午後約4時20分左右，電信工程人員於高速公路369.6公里西側路段進行預定電話線路工程，於挖土整地時，操作挖土機的陳福家先生於深度270公分處，陸續發現觀音佛祖及馬府千歲之神像，當時眾人感到訝異，但工程仍須如期進行，後因裝接線箱，再度往更深處開挖，又發現廣澤尊王神像，似乎冥冥中已有安排般。當日晚上7時半廣澤尊王便降乩指示，觀音佛祖再度借乩指示要在新甲地區普渡眾生。經地方人士邱永吉、馮進旺先生出資及信徒贊助之下重修金身立廟祠。並於民國78年4月28日（農曆3月22日）開光點眼，觀音佛祖承天請令奉請五府千歲、中壇元帥等眾神至宮中發威，保佑爐下信眾。

民國79年（農曆10月20日）領玉旨稱宮名為苓發宮。民國83年農曆3月26日遷址於高速公路東側立廟（現今廟址）。並於民國87年國曆4月12日（農曆3月16日）重修廟宇。再至麥寮鄉聚寶宮恭請蕭府大帝、馬府千歲、徐府千歲至宮中鎮守發展神威。又因趙聖帝君至本宮降駕指示，於民國98年5月28日（農曆5月6日）前往佳里子龍廟永昌宮求金身，由本宮主任委員邱永吉先生連擲六聖筊，請回宮中永佑眾生。

二、交通方式與美食、景點介紹

交通方式：大眾交通11號公車：高雄火車站出發抵達客運總站。

衛武營都會公園

衛武營都會公園位於高雄市鳳山區和苓雅區交界，總占地面積 47 公頃，為南臺灣最大的自然生態都會公園，位於高雄都會區域中心，其內有臺灣最大的國際級藝術表演中心，兼具調節生態環境、健康休閒與人文藝術等功能；甚至與壽山並稱高雄的左右肺。

地址：高雄市鳳山區輜汽路 281 號

電話：（07）765-5566

鳳山運動公園

地址：高雄市鳳山區大明路 265 號

鳳山涵洞肉包

地址：高雄市鳳山區新富路 198 號

瑞北夜市

地址：高雄市前鎮區瑞北路

資料來源：高雄市鳳山區苓發宮管理委員會。

▲高雄苓發宮風貌

▲高雄苓發宮位於高速公路涵洞旁

▲高雄苓發宮趙聖帝君

▲高雄苓發宮文武眾神

屏東縣恆春四溝千鋒殿

主祀神明

中軍元帥：聖誕日期二月初四日

配祀神明

池府千歲：聖誕日期六月十八日

福德正神：聖誕日期二月初二日

註生娘娘：聖誕日期三月二十日

地址：屏東縣恆春鎮四溝里四溝路 229 號

一、創建沿革

　　四溝千鋒殿早期為自家供奉神明，由龔姓家族傳承，後因神威顯赫而建廟堂奉祀，漸漸形成在地的信仰中心。中軍元帥顯化，降駕救世，解救人間疾苦。

　　千鋒殿主祀中軍元帥，也就是三國名將趙子龍，源起於 300 多年前龔姓人家所供奉。當時聽聞趙元帥神威顯赫，便從別村鄉里請來元帥神尊像，至四溝這個庄落，由龔姓人家私人供奉，第一代（創始人）為龔順；第二代（龔順之子）為龔定；第三代（龔順之孫）龔長；第四代（龔順之曾孫）龔成華。隨著元帥神威遠播，便也讓信眾來此拜拜。於第四代時，多次經由四溝社區居民共同商議之下，在民國 53 年決定建廟奉祀，成為一公祀廟。但建廟期間多次遇到困難和建商逃跑等狀況。經社區耆老不斷努力奔波，歷經 8 年之久才完成建廟，並於民國 76 年成立千鋒殿管理委員會。

　　民國 96 年由於廟宇年久毀損、廟宇屋頂漏水等問題，遂發起社區集資進行修繕工程，於民國 98 年整修完成。更由第八屆主任委員盧智雄先生、歷屆廟務執事人員、地方耆老等共同協調本地

吳姓、廖姓、鄭姓等 18 位地主，同意將所持有土地過戶於千鋒殿廟方。但因千鋒殿第八屆管委會組織架構尚未正式成立，經協商後產權暫時登記於盧耀煌先生名下，待管委會成立時再過戶於千鋒殿管理委員會。

今日完善的廟堂，位處地靈人傑地帶，期間歷屆廟務執事人員功不可沒。由廟內向外望去，綿延的山座，莊嚴秀麗；再由廟外向內看去，中軍元帥堂堂坐立，正氣凜然。

二、神蹟傳說

據傳早期中軍元帥神威無人不曉，在村莊內一個禮拜內大小事，元帥會先預知，讓村民和樂平安，順利度過逆境。中軍元帥為保護在地居民，在恆春四城門護駕，分別在東門、西門、南門和北門安石符，形成一道護衛城門，抵抗當時野蠻的山地人。

早期交通不便，當時千鋒殿有一名乩童，因工作而在臺東地區捕魚，因為急需乩童為民辦事，於是突然起駕，從臺東地區走回恆春四溝，此事件令村民驚駭不已。

三、交通方式與景點、農產品介紹

交通方式：1. 大眾交通恆春客運：枋寮出發抵達後灣。2. 自行開車平和公路→墾丁假期右轉→四溝里。

關山

關山又名高山巖，海拔高 152 公尺，為極佳眺望及觀賞夕陽西下的地點。全區為隆起珊瑚礁組成，依據碳同位素定年資料，這些礁岩上升的速率每年大約 5 公厘，換句話說，在 3 萬年前關山還在海面下，站在關山頂上頗令人有「滄海桑田」之感觸。山頂上有一巨大礁岩，以前民間未知其來處，故稱為「飛來石」，其屹立不墜的容貌，常為遊客捕捉留影的好材料。

鵝鑾鼻公園

鵝鑾鼻公園以燈塔馳名中外，本區面積共 59 公頃，園內為一珊瑚礁石灰岩地形；園內植物約有 240 種，每年 9 月紅尾伯勞鳥大群過境時，本區為極佳觀賞地點。鵝鑾鼻燈塔高 21.4 公尺，內設大型四等旋轉透鏡電燈，光度達 180 萬燭光，每 30 秒旋轉一周，見距 20 海浬，是臺灣地區光力最強的燈塔，有「東亞之光」的美譽。日據時期，經票選為「臺灣八景」，並豎立「臺灣八景鵝鑾鼻碑」。

墾丁森林遊樂區

墾丁森林遊樂區附近原是排灣族「龜亞角」社的山胞部落，故昔稱「龜亞角」，民國 57 年林務局在學術研究與育樂兼顧下，成立「墾丁森林遊樂園」。本區海拔 200 ～ 300 公尺，面積共 435 公頃，占本國家公園陸域總面積 2.5%，目前已開發 76 公頃。全區遍布隆起珊瑚礁岩，植物共有 1,200 多種。

龍鑾潭

龍鑾潭於民國 37 年建為水庫，不僅助益水利灌溉，並且形成美麗的風景地區。潭面廣闊，滿水面積為 175 公頃，水深平均 3.5 公尺，每年 10 月至翌年 5 月，許多候鳥由寒冷的北方向南遷移，部分留此過冬，使當地更富觀光價值。墾管處已興建自然中心，內含鳥類生態展示、望遠鏡觀察等，提供高品質的旅遊活動。

洋蔥

洋蔥目前仍是恆春半島的主要經濟作物之一，由於恆春半島貧瘠的砂礫土，及冬天強勁的落山風適合洋蔥的結球，而且落山風越強，洋蔥的品質越好，特別甘甜多汁，簡單涼拌就非常好吃。車城恆春，在屏鵝公路上可以看到路旁攤販叫賣一袋袋洋蔥，已

經是恆春半島特有的景觀。

恆春洋蔥的產季約為 3 月至 4 月底左右，恆春半島洋蔥種植面積約 600 公頃，主要供應國內市場及外銷市場，因此屏東縣的恆春鎮有「洋蔥鎮」的稱號，洋蔥為「恆春三寶」之一。同步開發許多的洋蔥副產品，讓洋蔥成為屏東縣的特產代表。

水稻

恆春鎮龍水社區「有機瑯嶠米」，栽種區以墾丁國家公園著名的水鳥生態區「龍鑾潭」附近的灌溉區為主，此地古名「龍泉水」，地名的由來是因該地區有一天然湧泉，終年出水不息，流入龍鑾潭中，使得潭水終年不竭，地方人稱為「龍目水」，而附近的農友也善用此自然無污染的湧泉種植水稻，再加上恆春半島每年 10 月到翌年 3 月期間，特有的落山風吹襲下，病蟲害不易發生、傳播，使得恆春半島孕育出好吃無農藥的有機質良米。

恆春半島唯一的有機稻米田，可能也是全臺少數僅剩最美麗的「有機稻作區」，區域裡有自然的湧泉、更是水鳥棲息地，保留著原始的土堤稻渠。當龍水有機稻田整地，農機在翻土時，後面一大群白鷺鷥在搶食物，表示在沒噴灑農藥的農田裡，許多昆蟲及蚯蚓被農機翻出時，水鳥爭相搶食，來到水稻區還可以在溝渠裡「摸喇阿」（撿蛤蠣），更可以看到悠游在稻渠中的小魚、青蛙，讓遊客回想過去的童趣及汗滴禾下土的記憶；充滿水分的土地，讓赤腳的年輕人驚訝於原來真正的農地是充滿彈性的，彷彿走在彈簧床上，尤其是 5 月的龍水正好是稻作的豐收期，一望無際的有機稻作區，絕對會讓來訪的遊客感受到莫名的悸動。

西瓜

恆春西瓜產地在白沙海邊，利用冬季落山風季節種植，是全國唯一產冬季西瓜的地方，甜度夠、瓜肉清脆多汁，已逐漸成為恆春半島的另一項經濟作物，也因此有人將西瓜取代港口茶列為恆春三寶之一。

荔枝（玉荷包）

繼洋蔥之後，恆春地區另一項重要的經濟作物「玉荷包」荔枝，亦同樣的深受喜愛，恆春農會與恆春鎮公所把它視為恆春區主要的農產作物，悠關許多農民的生計。據了解，目前光是恆春鎮的「玉荷包」荔枝園就有 200 甲之多，收成好可提高農民收益。

蘿蔔

恆春地區季節性的特產作物「白蘿蔔」，種植在西半島的大平頂部落，擁有紅土地質的恆春西半島，種出的恆春蘿蔔爽脆甘甜，曬成蘿蔔乾便是旅外恆春人最懷念的家鄉味。

恆春地區落山風強，不適合一般蔬菜栽種，當地居民便利用中秋後起風時節栽種，俗稱「牛椿仔」的恆春蘿蔔，雖然瘦小卻不乾癟，老一輩居民為了長久保存，會選擇曬成蘿蔔乾，拿來煮魚頭湯、排骨湯或雞湯，便是恆春人冬季餐桌上最常見的時令菜餚。

外地來的遊客只知恆春有洋蔥可吃的農產品，其實還有好吃而營養的恆春原生蘿蔔，也可仿泡菜，作為醃漬的菜頭，價格便宜而好吃！

資料來源：屏東縣恆春四溝千鋒殿、屏東縣恆春鎮公所。

▲屏東千鋒殿風貌

▲屏東千鋒殿開基中軍元帥

屏東縣恆春鎮玉旨龍雲殿

創建年代：民國 30 年

主祀神明
中軍元帥（趙子龍）：聖誕日期農曆二月十六日

配祀神明
道濟禪師：聖誕日期農曆二月初二日
天官武財神：聖誕日期農曆三月十五日
玄天上帝：聖誕日期農曆三月初三日
金虎爺：聖誕日期農曆六月初六日
福德正神：聖誕日期農曆八月十五日
廣澤尊王：聖誕日期農曆八月二十二日
中壇元帥：聖誕日期農曆九月初九日
濟公二師父：聖誕日期農曆十月初三日
地址：屏東縣恆春鎮山腳里湖內路 426 號（目前臨時行
館住址）
連絡電話：0987-272120

一、歷史探源

　　玉旨龍雲殿（原恆春雲鋒堂）蒙善心人士，勞心勞力，無私
奉獻，至現任主事潘尚豐先生、會長劉翰聰先生、總務林琴小姐
接任後，擴大組織積極參與，用心經營，成為在地人的信仰中心。

　　據傳民國年初中軍元帥（趙子龍）由龔家老弟子自槺林（現
德和里）大廟福興宮特請令旗回家安奉。供奉期間神蹟不斷。

早期農業社會，醫療不發達的情形下，許多在地信眾都往龔家家中燒香求主公幫忙，龔家女主人晚間就寢時，主公曾來託夢言：「吾乃常山趙子龍，一一派藥方賜給來求事的信徒服用。」

至民國 50 年初，本採用龔福來（已故）弟子為乩，但龔家弟子認為自己是獵山豬殺生業太重不適合濟世，與當地眾人集資雕塑趙子龍金身，另雕北極玄天上帝及濟公禪師三尊神尊金身供世人奉拜，當時規模為家神而尚未設宮。

現任乩身徐生言說，當時主公中軍元帥（趙子龍）在他 18 歲之時曾一度想降駕來行醫濟世，無奈家人不肯；20 歲當兵時有冤魂曾找上許多同僚抓交替，當晚狗吹螺聲不停，此時主公中軍元帥顯靈，身騎白馬手持長槍降伏冤鬼，救了許多人，連姓士官長的臉也不小心被馬尾撩過出現痕跡……

直至民國 107 年 4 月，乩童新科狀元徐生回歸，主公便降示開宮領旨，當時擔任主事潘尚豐先生曾言：「主公若想濟世，願一生為主公效犬馬之勞。」而主公也千里迢迢請出身在大陸福清市的林琴信女來臺為主公建廟鋪路並掌財務之職，會長劉翰聰先生則協助負責為主公建廟資金募款。

民國 107 年 5 月成立委員會並在龔家門口擺設三官桌，聘請嗣漢天師府羅宗大法師一同前往臺南天壇領宮旨（恆春玉旨雲鋒堂）。

108 年 3 月後因成員政治因素影響宮中名譽，委員會重新整頓，於 109 年 2 月 16 日子時，依循古禮再次觀乩擺設三官桌重新向玉帝請領新宮名濟世，同時擲八個聖筊改堂設殿，命名為「玉旨龍雲殿」，延續神威、造福信徒，歡迎各界地方仕紳或友宮前來參香指導。

二、交通方式與美食、景點介紹

　　交通方式：自行開車南州交流道→恆南路→恆春工商→湖內路。

臺南下營鵝肉店

地址：恆春鎮恆南路 123 號

恆春素食麵

地址：恆春鎮恆南路 55-1 號

恆春老街（東南西北）四城門景點

鹿境

裡面許多臺灣國寶梅花鹿可餵食，適合小朋友玩耍。

地址：恆春鎮恆公路 1097-1 號

　　資料來源：屏東縣恆春鎮玉旨龍雲殿。

▲屏東縣恆春鎮玉旨龍雲殿中軍元帥

臺東縣長濱村鎮濱宮

主祀神明

關聖帝君：聖誕日期農曆正月十三日、得道日六月二十四日

配祀神明

趙聖帝君：聖誕日期農曆二月十六日

天上聖母：聖誕日期農曆三月二十三日

中壇元帥：聖誕日期農曆九月初九日

地址：臺東縣長濱鄉長濱村 13 鄰 264 號

電話：（089）831-068

一、鎮濱宮簡介

　　鎮濱宮位於臺東縣長濱鄉長濱村的下坑部落，方位座西朝東，正殿面向太平洋且正迎旭日，宮右緊鄰長濱天主教堂，是村民宗教信仰的中心。

　　長濱早期稱為加走灣尾，村內大多是外來的移民，當地除了少數的原住民阿美族人之外，餘者皆是後來移墾的閩客漢族及人數最多的平埔族人。

　　據當地居民陳述，鎮濱宮的神明為宜蘭南下移墾的漢民，由原鄉「噶瑪蘭」（即宜蘭）迎祀至長濱。在東部海岸狹長的土地上，長濱還稱得上是較為寬廣而且也較利於耕作的地區，在移墾之初，為護土保身，才將原鄉已供奉的關帝聖君、媽祖和太子爺神像隨身帶在一旁，以祈求移墾之路平安順利。隨著移墾者的足跡，這三尊神祇即被帶到長濱，也成了長濱莊最早的開基主神。

　　鎮濱宮在尚未立廟之時，移墾帶來的神祇僅以輪流的形式由每年新的爐主迎至家中祭祀。這種祭祀神明的形式一直延續到民

國 51 年，才由地方上的士紳提議建廟。同年由委員江阿萬、林阿謙等人選舉出朱阿金先生擔任主任委員，同時也獲得臺東山林貨運董事長林錦泉的鼎力贊助，在各方協力之下，動土興建，宮名則是以坐鎮長濱祈福保安為命意。廟宇的建築則參照臺東東凌宮關帝廟的形式，以八卦的造形呈現，廟宇的屋頂則採閩南燕尾式建築，並附三仙圖、雙龍吐珠、花鳥泥塑等吉祥圖騰，在外觀上甚為樸實莊嚴。

開基之初有三尊神祇，鎮濱宮乃以關帝聖君為主神，媽祖及太子爺為同祀神明。十方信眾已有顯著增加。

在鎮濱宮建廟完成的第三年，地方上即舉行謝土建醮大典，禁殺生一星期，並舉辦法會迎神謝土。

二、慶典介紹

目前鎮濱宮主要的祀典是每年農曆的正月 13 日帝君生及 6 月 24 日得道日、趙聖帝君聖誕 2 月 16 日及媽祖的 3 月 23 日的聖誕。

三、美食、景點介紹

長濱遺址文化

長濱文化源於五至六千年前，又稱先陶文化，其承繼了舊石器文化傳統，經濟以漁獵採集為生，沒有農業，也不懂得製作陶器，所有的石器都是打製，而不是磨製成的。

長濱文化是至目前為止，臺灣唯一已發現的舊石器時代遺址，係屬五千至一萬年前的人類遺留。當時經濟以漁獵採集為主，使用工具多為石器，此外亦發現有不少骨器。

民國 57 年 3 月，臺大地質系林朝棨教授對臺東縣長濱鄉八仙洞不同高度的海蝕洞穴進行調查研究時，發現若干洞穴的堆積層中，含有新石器時代的文化層，其中有些可能屬於年代更古老的

紅色十一層，因此推想或許能挖掘到比新石器時代更早期的文化層，於是邀請考古人類學系的宋文薰教授一同勘察，終於發現了舉世矚目的史前長濱文化。

民國 57 年至 59 年，臺灣大學考古人類系師生在乾元洞、海雷洞、永安洞、無名洞、龍舌洞、潮音洞等洞穴作過多次發掘，發現大量文化遺留。據潮音洞採集的三件木炭標本，測出的碳 14 年代，皆為五、六千年前，而乾元洞的一件木碳標本則超過 1 萬年。

民國 77 年，臺灣大學考古隊在成功鎮信義里小馬的一個海蝕洞地表下約 50 公分深處，發現了長濱文化的石器及一座以蹲踞姿勢入土的墓葬，由於這是目前臺灣所發現最早的一座墓葬，小馬因而聲名遠播。

當時使用的石器非常簡陋，只是將鵝卵的一邊打掉便成為一件偏鋒砍器，打下來的多餘石片，則可作成刮、切工具。至於獸骨器，則有骨針、長形尖器、骨鑿和可能用來釣魚的兩頭尖器等。

長濱文化的主要遺址包括長濱的八仙洞遺址及成功鎮信義里的小馬洞穴遺址。已在八仙洞發現了大量的石器與墓穴，並在小馬的海蝕洞中挖掘出另一座墓葬穴。

八仙洞位於臺東縣樟原村南方臺 11 號花東公路旁，是一處由十餘個海蝕洞組成的特殊景觀區。由於這些洞穴大的可以住下不少人，史前時代的人們便利用這些洞穴作為他們居住的場所。

長濱鄉運動公園

長濱鄉運動公園位於長濱街上「東 13」鄉道頭，往忠勇村方向約 100 公尺左右，過了長濱郵局右方的道路上坡的一座小山丘上。這裡居高臨下，不僅可以欣賞海岸山脈的綿延美景，還可以眺望太平洋、烏石鼻的海景。

長濱驛棧

「長濱驛棧」位於長濱市區，西元 2016 年 7 月中新開張，提供主題套餐、小火鍋、排餐等餐點，一開幕就吸引許多在地居民聞香而至；加上熱情好客的老闆熟悉長濱地區旅遊資訊，經常提供到訪的旅客食、宿、休憩等旅遊諮詢，因此也漸漸地成為長濱地區的民間旅遊諮詢所在。店內用餐環境寬敞，店內風格由店主一手發想打點，並邀請部落回鄉青年以一身好技藝彩繪牆面，讓店內充滿長濱在地的人文與自然風情。而在餐點方面，店家特別與長濱在地農友合作，食材選用長濱在地的時令食材，像是「米蟲」的自然農法稻米，讓消費者可以享用到長濱在地的直送美味。

長濱金剛米

以自然農法栽種，透過天然的資材、腐植木屑，來調養土壤間微生物的生態，解決化肥造成的土壤酸化問題，藉此達成土地的平衡。透過此方法，不只能解決土地動力失衡問題，也種植出適合現代人需求的天然食材。長濱歷年來的米就有絕佳風味，是上等好品質。

長濱的獨特地形，海風帶上鹽分水氣，形成天然抗病特區，成為了在食安問題中的一線生機。於 2018 年申請慈心綠色保育標章通過，保護生態、照顧土壤，達到生態平衡的耕作生活。第一次種植的稻米，經食味質評分，得到 75 分的高分。農藥殘留檢驗 343 項，檢驗結果：無農藥殘留。40 年經驗的總舖師說：「再次吃到以前米飯的味道。一口接一口的好米。」

地址：臺東縣長濱鄉長濱村 4 鄰 12 之 5 號

電話：0985-131596

資料來源：臺東縣政府文化處、長濱鄉公所。

臺東縣長濱村鎮濱宮

▲鎮濱宮廟風貌

▲鎮濱宮東海岸風景

▲鎮濱宮趙聖帝君

▲鎮濱宮眾神尊

臺東市鯉魚山龍鳳佛堂

主祀神明

龍鳳佛堂為兩層樓的佛堂建築

二樓主祀觀世音菩薩：成道紀念日農曆九月十九日

一樓配祀趙子龍元帥：聖誕日期農曆二月十六日

地址：臺東縣臺東市博愛路 506 號

電話：（08）932-4437

一、創建沿革

　　龍鳳佛堂位於在臺東市鯉魚山風景區內，素有臺東市風景地標之美譽。創立至今三十餘寒暑，這間佛道合一的寺廟曾經香火鼎盛。

　　龍鳳佛堂沿革，乃起因於臺東市博愛路現易名為東凌宮的覺善堂，主神關聖帝君降乩指示信徒，籌組興建委員會，乃推舉臺東聞人經營山林貨運的林錦泉擔任主委、吳江祥擔任副主委、委員鄭裕新（興國里長）負責工程監造及設計。委員黃和順、李欉、邱魚、蔡清源、蔡福、蔡添財等人規畫推動。民國 62 年完成龍鳳寶玉塔、民國 65 年完成龍鳳佛堂。佛堂業務交由蔡福主持，法號虛悟，民國 67 年往生。

　　民國 80 年間，因佛堂缺乏維修，連寶塔建築都被列為危險建築，為避免意外，不准遊客上樓從空中遠眺臺東景觀。

　　民國 82 年初乃有整修佛寺之舉，至今管理委員會已投入近千萬元，為使其美侖美奐，尚且舉債維持佛堂的發展。

　　佛堂二樓大雄寶殿供奉主神觀音，同祀神有一樓的趙子龍、中壇元帥，二樓另外新祭祀大成至聖先師。供香客投宿的禪房則在堂左。主要祭典有觀音菩薩成道紀念日法會，龍鳳寶塔則依三

節做法會。

　　現在寶玉塔與佛堂已經合併為同一個單位，佛堂修整已漸有
起色，各方亦期待龍鳳佛堂能早日脫困，再創生機。

　　早在民國 57 年開挖佛堂地基時，挖出石棺及石器文物，由臺
大考古人類學系宋文薰教授率領學生前來挖掘研究，除部分攜回
臺大研究外，其餘交由佛堂保管。在此挖掘的文物，與在南王里
發現的卑南文化遺址出土文物相似，亦可證明鯉魚山在史前時代
早有人煙。

　　交通方式：
1. 南往北自行開車：臺 9 線→臺 11 線→（豐源大橋）→中華
　　路→桂林北路→鯉魚山入口。
2. 北往南自行開車：臺 9 線（更生北路）→更生路→博愛路
　　→鯉魚山入口。
3. 海岸線北往南：臺 11 線→（中華大橋）→中華路→中正路
　　→博愛路→鯉魚山入口。

　　資料來源：臺東市鯉魚山龍鳳佛堂。

臺東市鯉魚山龍鳳佛堂

▲臺東龍鳳佛堂風貌

▲臺東龍鳳佛堂趙子龍元帥

臺東市都蘭村子龍廟

主祀神明

趙聖帝君：聖誕日期農曆二月十六日

一、都蘭子龍廟源由

都蘭子龍廟於臺東縣都蘭村，當地以擲爐主方式，輪流奉祀神像，趙聖帝君每一年都會寄居於不同爐主名下。

都蘭子龍廟由古至今一直是以擲杯的方式輪流奉祀神像，時間推至日據時期已將近百年歷史。鎮殿趙聖帝君位於爐主家中，而開基趙聖帝君則位於副爐主自宅。

臺灣開墾之初，移民要前往東部開墾更是歷程艱辛，為了祈求路途的平安及開墾順利便請來家鄉的趙聖帝君。然而到了日據時代，因不能崇拜偶像，百姓便將神像埋藏於地底下，避免遭受焚毀之劫難，隨著歷史更迭，後便由都蘭村的子民再次挖掘出來供奉，並成立一簡單組織稱作子龍會，從此之後，便由子龍會內20 多位成員，在每年 2 月 16 日藉由擲杯，選出爐主與副爐主奉祀趙聖帝君並將神尊鎮於家中神龕上。

開基趙聖帝君距今達百年歷史，當初挖掘到的文物仍尚在，有印章、鎗、劍等文物，都隨趙子龍神像傳聖至今。

二、儀式活動

都蘭子龍廟場地狹窄，因此，每年活動祭典都是向在地媽祖廟借場地舉辦法會，並有布袋戲等戲曲演出，場面熱鬧。

交通方式：

1. 大眾交通鼎東客運：從臺東車站搭到都蘭村。

2. 自行開車走臺一線→都蘭村。

▲臺東市都蘭村子龍廟五寶

臺東市東凌宮聖帝廟

主祀神明

趙聖帝君：聖誕日期農曆二月十六日

關聖帝君：聖誕日期農曆六月二十四日

配祀神明

楊戩元帥：聖誕日期農曆六月二十六日

至聖先師：聖誕日期農曆八月二十七日

周倉將軍：聖誕日期農曆十月二十三日

關平太子：聖誕日期農曆五月十三日

齊天大聖：聖誕日期農曆十月十二日

中壇元帥：聖誕日期農曆九月初九日

福德正神：聖誕日期農曆二月初二日

地址：臺東市博愛路 175 號

電話：（08）932-3849

一、創建沿革

民國 35 年光復初期，臺東交通不便人煙稀少，尚屬半開發狀態，各項建設付之闕如。時有虔誠信徒恭請趙恩師子龍神尊，設壇濟世弘法代天宣化。

東凌宮聖帝廟源於民國 40 年間，奉玉旨於臺東市寶桑路蘇府王爺廟內右邊屋廂籌設濟頓宮覺善堂開始濟世，著作（育化良）問世後，於知本（內溫泉）建造清覺寺。之後於民國 44 年間在現宮址由臺東市內諸多善男信女大德鼎力協助建造濟頓宮覺善堂，由何調祥擔任堂主，香火日益旺盛，虔誠信徒幫生人數有 100 多名並著作《育化金謳》，於民國 50 年間奉觀世音菩薩降旨，由信

徒林錦泉率領眾信徒在臺東市鯉魚山建造龍鳳寶玉塔,其築造規模均奉關聖帝君及趙聖帝君兩神聖旨示設造。寶玉塔之名稱經由當時之監察院于右任院長題字,該塔建竣後繼續築造現今之龍鳳佛堂(由鄭裕新設計),此兩項堂塔並造設關聖帝君、趙聖帝君,為臺東之護境佑民及觀光奉獻甚鉅,因此奉玉旨由覺善堂改為東凌宮聖帝廟。於民國72年5月1日因原有建築已久破損不堪且影響觀瞻,經信徒大會贊同成立籌建委員會籌備改建,至民國76年先行安座,後因後續工程費用無繼而暫停,至民國83年,在歷任管理委員會及眾多信徒出錢出力下,依聖示逐年逐項,繼續未完成之各項工程。由於所費不貲,更期待有緣大德們,共襄盛舉,協助完成。

二、廟宇建築

1983年改建,以鋼筋水泥新建,主體建築為二層高樓,建築巍峨堂皇,莊嚴宏偉。底層一大成殿供奉至聖先師及聖座,兩側有文昌智慧燈及金榜及第燈,助莘莘學子智慧提升、金榜題名。聖座後,上有至聖先師匾額、對聯恭頌至聖先師,聖桌上備有文昌筆等供信眾提領。上層拜亭前有雙龍拜塔剪黏,造型栩栩如生,門前有一對石雕龍柱,大門是以整塊木材去雕刻秦叔寶、尉遲恭為門神,兩旁三川門也是用整塊木材去雕刻24節氣門神,尚屬稀少。進門往上一望藻井木雕細膩,兩旁屋頂皆以三國為題材之樟木雕刻,達到教忠教孝作用。大殿拜亭採挑高設計,作一天井,以達採光及空氣對流。花鳥柱也是採用整棵樟木雕刻而成,與後面龍柱互相輝映,嘆為觀止。在方形藻井及八卦形結網後,用樟木雕刻成細膩的龍柱、花鳥柱、花籃、花堵等組成美侖美奐的神龕,中間正面神龕主祀關聖帝君、趙(子龍)聖帝君,配祀周倉將軍、關平太子。

龍邊神龕—配祀楊戩元帥、齊天大聖。

太歲燈區—太歲神君。

虎邊神龕—配祀中壇元帥、福德正神。神桌下供奉虎爺。

外觀建築以「北方式」為主題，屋頂則以琉璃瓦蓋成，裝飾方面則偏向「閩南式」，屋頂除西施脊外，甚至脊上加脊，以剪黏方式裝飾如龍鳳圖案或福祿壽三仙、雙龍拜塔等，除有華麗莊嚴特色更有辟邪祈福的功能。

三、慶典儀式

銑桃開淨水的汲取科儀過程是東凌宮聖帝廟一項特殊的儀式，經由銑桃開淨科儀所得的淨水，可用於淨身、淨家、灑淨。

使用方法一：可將銑桃開淨水些許放入洗澡水做淨身用。

使用方法二：可將銑桃開淨水稀釋放入另容器做淨家用。

使用方法三：可將銑桃開淨水少量放入鹽米水做灑淨用。

四、交通方式與美食、景點介紹

交通方式：1. 大眾交通鼎東客運：從臺東火車站搭到英雄館。
2. 自行開車南迴公路→臺東市→一外環道路→中正路→博愛路。

臺東森林公園活水湖

臺東縣臺東市馬亨亨大道

（臺東森林公園）

海濱公園、建國百年國際地標

臺東市海濱公園早期是垃圾掩埋場和濫葬公墓，經過遷移、整地、復育及整體規劃後，呈現出目前截然不同的海濱公園綠帶風貌。

公園內有景觀海堤、籃球場、自行車道、親水戲水區、望月白橋及雕塑藝術創作廣場。

197

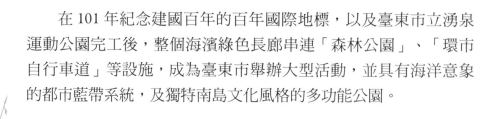

在 101 年紀念建國百年的百年國際地標，以及臺東市立湧泉運動公園完工後，整個海濱綠色長廊串連「森林公園」、「環市自行車道」等設施，成為臺東市舉辦大型活動，並具有海洋意象的都市藍帶系統，及獨特南島文化風格的多功能公園。

卑南文化公園、史前文化博物館

西元 1980 年臺鐵臺東新站的前身卑南車站開工興建時，發現了卑南古文化遺址，為了完整保留這些珍貴的遺址文物，以提供未來作為學術研究及教育所需，因此成立了臺灣首座遺址公園「卑南文化公園」，公園內設置有教育館、表演場等以展示卑南遺址為主要特色，展示的出土文物包括石棺、器具等，其中最著名的是位於臺東新站右後方的月形石柱，已評定為一級古蹟。園區還有遼闊的大草原，站在公園高處的展望臺上，可以一覽臺東市的全景，是一處兼具知性、旅遊、教育、休閒的好去處。

由於史前「卑南文化」及「長濱文化」等遺址的陸續出土，中央政府於 1990 年 2 月成立「國立臺灣史前文化博物館」籌備處，並於 2002 年 8 月正式開館營運，成為東南亞第一座具國際規模的史前文化遺址博物館，該館兼具了教育及文化傳承的功能，不但可以引領南島語系國家人類學的研究發展，更成了觀光旅遊的絕佳景點。

臺東市近郊的富岡漁港，是進出綠島、蘭嶼的唯一港口，每逢觀光旺季，到此搭船的遊客，平均每日多達 5000 人次，而富岡街上林立的漁獲攤商及生鮮餐廳，更是遊客嚐鮮必到之處。

富岡港、小野柳風景區

緊鄰著富岡漁港北方的小野柳，是東海岸風景區最南端的景點，因為綺麗的海蝕景致，媲美北海岸的「野柳」而名之。

從地質學上解釋，小野柳是一只很大的外來岩塊，因為砂岩

和頁岩的軟硬不同，在海水長期侵蝕下，外貌形成規則的起伏，岩層面的節理，出現非常清晰的幾何線條，配合海水的律動和藍天的變幻，成為一種自然的特殊景緻。可以規劃串聯成為臺東市近郊半日遊的最佳旅遊景點。

四維夜市

地址：臺東縣臺東市四維路 1 段 464 巷

卑南豬血湯臺東店

地址：臺東縣臺東市傳廣路 117 號

編委住宿宮廟推薦

民國 56 年於臺東太平溪畔開基建廟的東海龍門天聖宮，在民國 76 年進行第二期擴建工程時特別在正殿兩側護龍建築設立膳房，提供進香團體、來訪香客和外地旅人寄宿，至今仍是臺東地區少數附設膳房住宿服務的廟宇。目前本宮共有通鋪型膳房 40 多間，包括 4 人房 10 間、5 人房 12 間、6 人房 8 間、10 人房 2 間及 14 人房 1 間，總計可容納 170 餘人住宿，亦為寄宿香客提供訂餐、訂車、訂機位等各項服務。宮內廚房及餐廳設備一應俱全，可擺設 60 餘桌供喜慶宴客之用。膳房住宿環境清幽簡樸，乾淨衛生，且鄰近臺東市區、觀光夜市、鯉魚山風景區、鐵花村音樂聚落、海濱公園、東海運動公園及太平溪河口濕地，交通便利，景色宜人，竭誠歡迎個人或團體事先聯絡預訂。

地址：臺東縣臺東市中華路 1 段 889 巷 63-1 號

電話：（08）932-5795

資料來源：臺東市東凌宮聖帝廟、臺東市公所。

臺東市東凌宮聖帝廟

▲臺東東凌宮風貌

▲臺東東凌宮大殿

▲臺東東凌宮趙聖帝君

馬來西亞柔佛州麻坡順平宮

主祀神明

趙聖輔天帝君：聖誕日期農曆八月二十六日

地址：Lot 4198a, Taman Sri Jorak, Bolcit Pasir, 84300
Muar, Johor.

一、創建沿革

成立於西元 1996 年 10 月 26 日（歲次丙子年農曆 9 月 25 日），當時由鄧文傑、吳明榮、謝仲川和林家慶（壇主）先生於麻坡新加旺 500 間政府組屋發起，並請得恩主趙子龍元帥開壇救世，暫賜廟名「錦屏山」。

於開壇兩年後，在西元 1998 年鑑於政府當局要求搬遷和受本宮恩主旨令，將本宮遷至現址並且以本宮恩主封號改新宮名為「順平宮」。在西元 2009 年 11 月 2 日（歲次己丑年 9 月 16 日）奉玉皇大帝玉旨勅封本宮恩主為「趙聖輔天帝君」，並改宮號「玉封順平宮」。

經過多年各方努力，本宮於 2012 年正式成功取得社團註冊局合法註冊，並成立理事部以便響應政府號召。

承蒙恩主多年救世萬民，如今有此良機得到「拿督李朝發賢伉儷」報效新宮基礎措施，以便讓本宮再次搬遷到更好的環境，順應天命招賢納士，為恩主發恩澤。

本宮於農曆戊戌年 5 月 13 日（陽歷 26-06-2018）星期二，早上 8 點正，禮聘道士主持高升萬年基樑法事，同時舉行金身開光儀式。

於農曆戊戌年 8 月 16 至 20 日（陽歷 25-29/09/2018）星期二至星期六為慶祝新宮落成，以及本宮恩主聖壽寶誕千秋，奉恩主

聖懿並定於戊戌年8月19日（陽歷28/09/2018）星期五下午3點正，
恭迎聖駕與眾神出鑾巡境晉達各神宮（殿，廟，洞，壇）拈香膜拜。

二、趙子龍神像源由

　　在未立宮前，趙子龍神像一直在麻坡樹林裡頭等待有緣人來
奉請祂，因為在樹林發光顯靈，吸引許多人來膜拜，因為神威靈
驗，許多人想獨占子龍神像供奉，但偷請回去供奉的人馬上又把
子龍神像請回來，因為偷請走的人每晚都被子龍將軍捉弄。

　　有一天吉隆坡一間廟宇大張旗鼓來到樹林裡，在沒有得到趙
子龍將軍允許下把神像請回吉隆坡廟裡，結果當晚就發生火災，
整廟間宇都燒毀。

　　此時壇主林家慶先生受到趙子龍將軍託夢，因而來到燒毀現
場找到趙子龍神像，經過大火的猛烈延燒子龍神像毫髮無損，於
是壇主林家慶先生請回供奉。（林家慶壇主口述，陳宥霖採訪）

三、景點介紹

雞場街文化夜市

　　走在這些明朝建築遺跡裡，真有時空錯置的感覺，沿街欣賞
兩旁百年歷史的古屋民房已經是享受，如果你喜歡收集古物，這
裡簡直是個寶藏。逛累了特別安排到有故事的咖啡館休息並贈送
有故事的咖啡或茶一杯。這裡曾經是《夏日的麼麼茶》其中一個
拍攝地點。喝著道地的白咖啡，假想著鄭秀文與任賢齊在電影中
的情節。

聖芳濟教堂

　　這座由法國傳教士於西元 1849 年建立的哥德塔式教堂，是為了紀念被譽為東方使徒的「聖芳濟」，他在 16 世紀為天主教傳入東南亞做出重大貢獻。

葡萄牙廣場

　　此廣場建於西元 1980 年代後期，是仿造葡萄牙同類型建築的樣式而建。

▲馬來西亞柔佛州麻坡順平宮指示牌

▲馬來西亞順平宮大殿

馬來西亞柔佛州麻坡順平宮

▲馬來西亞順平宮山神

▲馬來西亞順平宮五營及白馬

▲馬來西亞順平宮白馬將軍

▲馬來西亞順平宮正殿風貌

▲馬來西亞順平宮開基趙子龍

馬來西亞柔佛州麻北風雲廟

主祀神明

趙子龍元帥：聖誕日期農曆十月初三日

地址：No.176, Kg. Teratai, 85200 Jembatan Segamat, Johor.

一、創建沿革

風雲廟主祀趙子龍將軍金身，早年是由一名人士從中國海南島帶到麻北蓮花村胡姓善信家裡供奉，為當地與附近村民指點迷津消災解厄。

馬來西亞柔佛州麻北風雲廟坐落蓮花村後，香火鼎盛，而設於住家的廟堂已不敷應用，廟宇主席李東海與住持常山鳴師父於西元 1998 年發動遷廟工作，並在神明的指示下，於蓮花村購得一段一英畝地段作為新廟址，同時在善信一呼百應的支持下，新廟終於在西元 2000 年落成。

風雲廟設有二殿，前殿供奉趙子龍元帥，後殿設有西方三聖，此外，廟宇在殿前供奉五營將軍，並在後部設立一座地藏王菩薩超度法會所用的道場。

二、景點介紹

黃金丹絨

位於麻河邊，環境優美。周末有許多人在此垂釣，是休閒好去處。在此可乘船遊覽麻河美景，一睹麻市風采。

▲馬來西亞柔佛州麻北風雲廟風貌

▲馬來西亞柔佛州麻北風雲廟大殿

▲馬來西亞柔佛州麻北風雲廟天公爐

馬來西亞柔佛州麻坡鳳威宮

主祀神明

趙子龍元帥：聖誕日期農曆八月二十日

地址：Jln Sierra 6, Kampung Sabak Aur, 84000 Muar, Johor.

一、創建沿革

麻坡鳳威宮，地處麻坡新加旺入口右側，附近為麻坡政府專科醫院，鄰近麻河畔，為一個絕佳易尋的風水寶地。

西元 2010 年 3 月，一個偶然機緣下，本廟創辦人張雲祥及陳邦平於咖啡店巧遇，談起古時《三國志》中的常山趙子龍，才倏然發現原來彼此是多年未見、志同道合、志趣相同、理念相契的好友，在暢談中，萌生發起興廟以膜拜及發揚兩人心目中敬仰之趙子龍神明忠義精神。

為加強籌劃力量，兩人也招來另兩名好友陳文生及蔡孫福，一同參與執手籌劃興廟計劃，並許下誓言，通過興廟來廣集麻坡一帶的善緣，通過四海之內皆兄弟之大愛精神，為社會盡一份心，為人群盡一份力。

同年農曆 5 月 15 日，在四海善信的群策群力及通力合作下，「鳳威宮」的金字招牌正式上掛，飄揚的旗幟，廣傳著鳳威宮立志發揚趙子龍神明的忠義情結精神。

西元 2013 年 7 月 24 日，本廟正式獲得社團註冊局註冊為合法組織，理事們在會長陳邦平先生的領導下，系統化嚴密整合內在結構機制，組織內各分支系和各個流程環節，通過結構紐帶將原本分散的人、財、物、資源與環境因素在一定的範圍內整合起來，以服務社區為出發點，發揚趙子龍精神為密集點，共同為社區福利做出應有的貢獻。

為精益求精，迎合社會時代的發展步伐，本廟理事會將秉承學無止境的精神，不斷修正自己的方針、政策、經營理念，從而不斷進行自我協調，自我改造和自我創新來適應環境的變化與需求，力求圓融四方，體面八方。

本廟期許全體會員和理事們，秉持趙子龍的忠、孝、義、仁、謙精神為其目標，構建一個健康的社會組織，通過這樣的方式，引導社群向上向善，邁向一個更團結更融合的大團隊。

為迎合時代的需求，同時也讓鳳威宮有個自己的新家，理事會毅然決定在西元 2014 年發起購地興建廟宇的大計劃，為了讓這個目標更快落實，同年 9 月 1 日至 14 日，本廟發起麻坡縣神廟領域首創的擲筊籌款建廟籌款活動，讓善信在捐款行善之餘，也有機會贏取心目中的轎車等豐富獎品。

此外，為邁向電腦化雲端科技管理，本廟也於西元 2014 年 8 月 28 日，通過本廟雲端電腦化顧問公司 GBS 設立本身的網頁，同時設立深具時代感的雲端電子布告板，這個象徵著本廟正式邁入雲端電腦化管理時代的網頁管理簡訊系統，於同年 9 月 19 日配合本廟五周年神誕千人晚宴的同時，舉行隆重莊嚴的推動儀式。

二、景點介紹

麻坡市區壁畫 Muar Town

柔佛王城和諧文化街全程 280 米，牆上將呈獻超過 50 幅柔佛各族文化藝術壁畫供參觀者獲得瞭解與認識，同時也成為柔佛國際文化交流大平臺及文化藝術教育中心。

麻坡東湖恐龍園

超過 30 隻恐龍圍繞在你身邊的麻坡東湖恐龍公園，讓你免費入場和各款大小恐龍做近距離接觸，驚險刺激的冒險就從這裡開始！

▲馬來西亞柔佛州麻坡鳳威宮
風貌

▲馬來西亞柔佛州麻坡鳳威宮前殿

▲馬來西亞柔佛州麻坡鳳威宮慶點蠟燭

▲臺灣趙子龍文化協會祝賀馬
來西亞柔佛州麻坡鳳威宮

210

馬來西亞砂益白馬將軍廟
（趙子龍將軍廟）

主祀神明

趙子龍將軍：聖誕日期農曆八月十八日

地址：3, Jalan Jaya 1, Taman Sri Jaya, 84900 Tangkak, Joho.

一、建廟沿革

　　本廟建立於西元 1975 年，以前本廟是在一間賭跑馬人士的住家，那時本廟的名稱是趙子龍將軍廟。大概在西元 1995 年才搬新廟，當時的新廟是一位善心人士的水果園，只有大約一間房的大小。到了西元 2004 年，因為賭跑馬的人賭贏了，所以在西元 2003 年將修繕過的廟進行擴建，並在當年改名為砂益玉仙宮。

　　西元 2020 年 10 月 25 日（星期日）奉本宮主神諭旨進行本宮新廟動土典禮。本宮原定於在西元 2020 年 3 月 28 日（星期六）（庚子年農曆 3 月 5 日）舉行動土典禮，經過理事會商討通過，會把原名砂益玉仙宮改名白馬將軍趙子龍將軍廟。

▲馬來西亞砂益玉仙宮白馬將軍廟風貌

▲馬來西亞砂益玉仙宮白馬將軍廟大殿

馬來西亞柔佛州永平
趙子龍廟

主祀神明

趙子龍元帥：聖誕日期農曆八月十八日

地址：5687, Jalan Ujung, 83700 Yong Peng, Johor.

一、創建沿革

45 年前（約於公元 1974 年前），趙子龍將軍（俗稱趙爺）開始由永平縣南利新村村民所拜祭。35 年前（公元 1984 年前）則由善信遷移香火至永平一處橡膠園內（俗稱 85 界）。當初，將軍被安置於數平方尺面積、高度不及一人頭高的神龕內供奉拜祭。後來，因將軍大顯威靈，有心善信深感祭所狹小，在感恩心激發之下以空心磚砌牆，其空間勉強可容納數人之多，同時增請數尊神明金身於壇內，正式命此壇名為「趙子龍廟」。

當時，趙子龍廟處人煙稀少之地，亦欠缺管理，破壞與偷竊屢次發生。香火旺盛的小廟在日曬雨淋之下變得破舊不堪。此時，一群善信眼見如此甚是可惜，重新打理一番後逢千秋神誕日，祭以鮮果、清香。如此，原以為可維持現狀，但事與願違，仍遭偷竊與破壞。無可奈何之下，又接獲橡膠園主通知，說要發展園地限時搬遷，於是善信決定展開購買新廟地計劃並告知神明。

21 年前，遷廟計劃獲得各界善信大力支持，如願以償購得位於永平 Jalan Ujong 之 PTD LOT5687 木造民宅，經粉刷修繕後，將原趙子龍廟香火及僅存的以「趙子龍廟」為題之牌匾與拿督公請進新廟。與此同時，重新安奉九尊神像於廟內之「善緣壇」。

遷廟至今已邁入第 21 個年頭，之前每逢諸神明聖誕千秋日，皆按照舊慣例舉行慶祝儀式。後順應需求與多方面考量，理事會

一致決定將眾神之神誕日定於每年農曆 8 月 18 日（本廟廟主趙子龍將軍神誕日），與眾神統合舉行慶祝儀式。

當獲知趙子龍將軍於神界受封元帥，本廟全體理事深感鼓舞，擴大召集並聚合各界善信力量，於慶典時增設多個項目，例如：平安宴、眾神聖駕出遊巡境、刀梯、刀橋、平安橋。

本廟理事同仁秉持共識，攜手共同前進，保留中華文化優良傳統，汲取時代精粹，執信「成事在人，完事在天」理念，貫徹始終。

資料來源：馬來西亞柔佛州永平趙子龍廟理事部。

▲馬來西亞柔佛州永平趙子龍廟風貌

▲馬來西亞柔佛州永平趙子龍廟大殿

馬來西亞檳城天福宮

地區：檳城北海

廟名：檳城北海船仔頭天福宮（馬來西亞歷史最久趙子龍廟）

成立年：1871 之前

地址：Jalan Pantai Bersih, Bagan Ajam, Butterworth, Pulau Pinang.

主祀神明

趙子龍將軍：聖誕日期農曆八月十五日

開放時間：早上 6 點半至晚上 8 點半

服務：解籤（問事籤、藥籤）

一、創建沿革

歷史悠久的天福宮廟屹立在威北縣峇眼亞占「船仔頭」已超過 200 年，是繼北海斗母宮後，北海最大的神廟之一。

曾任這間廟理事會總務超過 20 年的遊國龍說，由於沒有詳細的歷史記載，至今無人能證實天福宮創辦的年分，不過，這間廟一塊刻有「同治辛未年」的匾牌及香爐可以證明，天福宮應該早在 1871 年或更早之前就已存在。

至於這間廟所供奉的神明，則是三國時代的名將順平侯趙子龍，由於這間廟也曾多次神明顯靈，所以多年來一直都香火鼎盛。

二、神蹟傳說

神明顯靈救回一女性命

關於神明顯靈事件，遊國龍順手拈來就可以講述幾個，包括

曾經有一名女子的出殯隊伍經過天福宮時，被神明附身的乩童斷言躺在棺內的女子尚未斷氣，於是家屬趕緊開棺，果然發現女子尚有一絲氣息，最終搶回了一條性命。

藥籤

天福宮當年也是第一間設有「藥籤」的神廟，每天都吸引了不少民眾湧往膜拜，祈求神明賜予藥單治病；不過，隨著時代進步，目前神明祈求「藥籤」的人數已大幅減少。

三、美食、景點介紹

喬治城魔鏡

立陶宛藝術畫家 Ernest Zacharevic 於西元 2010 年來到檳城背包旅行後愛上這個地方，透過畫筆來呈現別有意義的壁畫，在檳城展出壁畫裝置藝術，加上檳城政府進行鐵線裝置壁畫，讓國內外遊客都聞風而至。壁畫主題包括姐弟共騎、功夫女孩、漁船小孩、爬牆小孩及追風小子等，被稱為「喬治市魔鏡」。

阿凡達的祕密花園

檳城是個美麗的州屬，包含了不一樣的文化特色及人情味，也成為了旅遊愛好者們的必訪觀光之地。

逾 218 年歷史的海珠嶼大伯公廟躍身一變，成了阿凡達的祕密花園。最近檳城最夯的景點，您又怎能錯過呢？

康華麗斯古堡、檳城州議會

位於檳城的東南海岸，是一個古老的五角星城堡，也是馬來西亞最古老的城堡。西元 1786 年，萊特船長在此登陸並且建立了最初的城堡，古堡原是木造建築，在西元 1804 年這裡被當作監獄

囚禁囚犯，並改成了混凝土建築物。康華麗斯古堡為當時據守馬六甲海峽做出了貢獻，也是香料、物資海運線上第一要塞，古堡圍墻高大，大炮指向馬六甲海峽，那粗狀的火炮據說威力強大。據說想生女兒的人別可以來摸一下那又粗又長的炮管雕塑，而想生兒子的就要摸炮管的底座，而且很靈驗呢！此外，還設有一座船桅形的高大燈塔，為夜間過往船隻導航。

▲檳城天福宮風貌

▲檳城天福宮大殿

▲檳城天福宮早期香爐

▲檳城天福宮開基趙子龍

▲檳城天福宮鎮殿趙子龍將軍

馬來西亞檳城天福宮

國家圖書館出版品預行編目資料

走訪趙子龍信仰/臺灣趙子龍文化協會編著. -- 初版. -- 臺南
市：臺灣趙子龍文化協會, 2021.8
　　面；　公分
ISBN　978-986-06642-0-1（平裝）
1.民間信仰 2.寺廟 3.旅遊
272.79　　　　　　　　　　　　　　　110008420

走訪趙子龍信仰

編　　著　臺灣趙子龍文化協會
主編輯委員　陳宥霖、林昆德、葉威伸
副主編委員　邱豐豐
編輯委員　林文章、王境棋、丁一展、林宏昇、楊嘉佶、徐聖智、洪子雲
　　　　　劉哲擇、林　達、林文進、朱瑓詮、林定發、趙世崧、黃櫻菊
　　　　　楊瑋瑤、林振坤、林平穩、鐘大焜、陳世輝、陳英輝、盧燕豐
　　　　　蔡榮章、吳進賜、徐志成、黃信翰
編輯委員會總顧問　謝彧森
封面設計　陳宥霖
出版發行　臺灣趙子龍文化協會
　　　　　理事長：林文章／副理事長：王境棋
　　　　　地址：722臺南市佳里區子龍里子龍廟40號
　　　　　電話：（06）726-2348
協辦單位　臺灣趙子龍聯誼會
設計編印　白象文化事業有限公司
　　　　　專案主編：黃麗穎　經紀人：徐錦淳
經銷代理　白象文化事業有限公司
　　　　　412台中市大里區科技路1號8樓之2（台中軟體園區）
　　　　　出版專線：（04）2496-5995　　傳真：（04）2496-9901
　　　　　401台中市東區和平街228巷44號（經銷部）
　　　　　購書專線：（04）2220-8589　　傳真：（04）2220-8505
印　　刷　基盛印刷工場
初版一刷　2021年8月
定　　價　360元